AI赋能
绩效管理与
量化考核

写给HR的AI使用手册

任康磊 ◎ 著

人民邮电出版社

北京

图书在版编目（CIP）数据

AI赋能绩效管理与量化考核 ： 写给HR的AI使用手册 / 任康磊著. -- 北京 ： 人民邮电出版社，2025. -- ISBN 978-7-115-67881-2

Ⅰ．F272.5-39

中国国家版本馆CIP数据核字第2025FP7331号

内 容 提 要

本书聚焦绩效管理与量化考核中的效率瓶颈和实施难题，深度解析如何将 AI 工具嵌入绩效管理的全流程中。

本书内容分为 7 章，分别介绍如何利用 AI 助力绩效管理体系建设、绩效指标设计、绩效计划制定、绩效辅导实施、绩效评价设计、绩效反馈实施和绩效结果应用，让 AI 成为绩效管理的"数字分身"，让 HR 回归高价值工作。因此，本书不仅可以作为渴望突破绩效管理困境从业者的实用答案之书，也可以作为所有人力资源管理从业者（各层级、各模块、各种从业经验的从业者）、各层级管理者的 AI 实务操作手册。

◆ 著　　　　任康磊

　　责任编辑　刘　姿

　　责任印制　彭志环

◆ 人民邮电出版社出版发行　　北京市丰台区成寿寺路 11 号

　　邮编　100164　电子邮件　315@ptpress.com.cn

　　网址　https://www.ptpress.com.cn

　　北京市艺辉印刷有限公司印刷

◆ 开本：880×1230　1/32

　　印张：6　　　　　　　　　　2025 年 9 月第 1 版

　　字数：134 千字　　　　　　 2025 年 9 月北京第 1 次印刷

定价：59.80 元

读者服务热线：(010)81055296　印装质量热线：(010)81055316

反盗版热线：(010)81055315

前言

AI 重构绩效管理新范式

在过去 20 年的管理实践中，我见过太多人因绩效管理而焦虑。

- HR（人力资源从业者）熬夜调整 KPI（关键绩效指标），却总被业务部门质疑指标脱离实际。

- 团队主管纠结于如何公平评价员工贡献，因其稍有不慎就引发内部矛盾。

- 员工对这个"打分游戏"不屑一顾，优秀人才因绩效沟通不畅选择离职。

- 老板看着报表上冰冷的数字，却说不清团队潜力究竟被什么卡住……

很多企业实施的传统绩效管理正在成为组织效能的隐形天花板。当"00后"成为职场主力，当 VUCA 时代（易变性、不确定性、复杂性、模糊性）要求组织反应速度以天计，当降本增效成为所有企业的生存命题，那些依赖手工统计、主观判断、滞后反馈的绩效管理模式，早已无力承载现代管理的需求。

但转机也正在发生。随着 AI（人工智能）技术的迅猛发展，企业的绩效管理体系正在被重构。

- 通过自然语言对话生成岗位指标库，30 分钟完成传统需要 3 周的指标设计任务。

- 用机器学习模型预测销售团队季度目标达成率，准确率比人工预测更高。

- 用 AI 模拟绩效面谈场景，可以让新晋管理者在 24 小时内掌握适合团队调性的高难度沟通技巧。

- 用 AI 模拟不同的绩效考核方案时，AI 会自动标注可能引发员工争议的风险点……

AI 工具的迭代带来了管理方式的变化，使 HR 从执行层进化为组织效能的架构师。AI 能够帮助企业各级管理者突破认知边界、释放管理精力。

本书的诞生，正是为了帮助 HR 和团队管理者驾驭这场变革。本书将手把手教你如何用 AI 工具，解决绩效管理全流程中的真实痛点。

AI 重构绩效管理的底层逻辑体现在三个维度。

（1）数据穿透力：AI 有处理百万级数据颗粒度的能力，在传统绩效管理耗时耗力的背景下，AI 可以使绩效评估从一种"年度仪式"变为实时诊断。

（2）场景适配度：通过参数调整，AI 可以快速生成适配不同企业规模、不同行业类型、不同岗位需求等不同场景的绩效考核方案。

（3）决策预见性：基于历史数据的深度分析和学习，AI 可以预测不同绩效策略对员工留存率、组织效能的影响，从而找到最适合企业的绩效管理方法。

传统绩效管理长期陷入"不可能三角"的困境。

- 要科学，就会复杂：OKR（目标与关键成果法）、BSC（平衡计分卡）、360 度反馈法……工具越先进，落地反而越困难。

- 要公平，就会僵化：强制分布、末位淘汰，往往挫伤团队士气。
- 要有效，就会耗时：从目标对齐到结果应用，每个环节都是管理成本黑洞。

本书提出的 AI 赋能的敏捷绩效管理体系，可以通过三个核心逻辑打破这种僵局，走出困境。

- 用 AI 替代重复性劳动：自动生成绩效报告、智能提醒关键节点，让管理者专注战略决策。
- 用数据驱动决策：通过 AI 分析历史数据，发现隐藏的绩效影响因素（如某客服团队发现"首次响应时间 >20 秒"会导致客户流失率激增 37%）。
- 用个性化提升体验：为不同员工生成定制化改进建议，让绩效反馈从"批评会"变成"成长对话"。

本书期望通过介绍 AI 在绩效管理中的应用，推动管理者实现三重思维的跃迁。

- 从经验驱动到数据洞察：破除"我们一直这么做"的惯性思维，通过数据建模验证管理假设。
- 从标准化到精准化：告别一刀切的绩效考核方式，实现千人千面的个性化管理。
- 从事后评估到前瞻干预：利用预测性分析，在绩效问题显性化前实施靶向辅导。

本书是一本覆盖绩效管理全生命周期的实战指南，从绩效管理体系设计到绩效结果应用，构建出完整的 AI 赋能路径。

- 绩效管理体系设计：用 AI 诊断现有问题、设计制度流程、筛选工具平台。
- 绩效指标设计：针对 9 大类岗位生成标准化指标库，并自动匹配权重建议。

● 绩效计划落地：将战略目标自动分解为部门／个人目标，生成沟通模板。

● 绩效辅导反馈：通过 AI 模拟面谈场景、生成改进计划，预测员工离职风险。

● 绩效结果应用：将绩效数据与薪酬、晋升、培训等场景智能关联。

书中每个章节都包含"问题情景 –AI 提问框架 – 实战案例"，可以让你既能解决当下难题，又能建立长期能力。

本书以 DeepSeek、文心一言、豆包等国内主流 AI 平台工具为操作载体，提供详细的提示词（Prompt）公式、提问技巧、实际案例和注意事项，让读者可以拿来即用。翻开本书，你除了能获得解决问题的方法，还能获得一种全新的管理视角：当技术与人性智慧深度融合时，绩效管理将成为帮助组织持续进化的引擎。

现在，让 AI 成为你在绩效管理工作中的伙伴吧！

目录

第 1 章　AI+绩效管理体系

第 2 章　AI+绩效指标

第 3 章　AI+绩效计划

第 4 章　AI+绩效辅导

第 5 章　AI+绩效评价

第 6 章　AI+绩效反馈

第 7 章　AI+绩效结果

第 1 章

AI + 绩效管理体系

构建科学合理的绩效管理体系是企业发展的基石。以往传统方法下，HR 与团队管理者往往耗费大量时间精力梳理问题、设计体系、选择工具与流程，却仍可能面临体系不健全、职责不清晰的困境。

AI 的出现为这一难题提供了高效解决方案。从精准查找当前绩效管理中的问题，到设计涵盖各个环节的完整体系；从选择适配的绩效管理工具，到优化流程、设计权责与优化制度；甚至能快速检索同类公司的绩效管理案例、破解实施难题。

AI 凭借其强大的数据处理与分析能力，贯穿绩效体系搭建的全过程，助力管理者构建起高效、适配企业发展的绩效管理体系。

1.1 用 AI 查找当前绩效管理问题

问题情景

1 最近公司绩效管理推行了半年，但员工反馈考核标准模糊，部门间评分差异大，甚至有员工质疑考核的公平性。这种情况如何应对？

2 绩效管理的核心是精准激励，如果标准模糊或执行偏差，会导致员工动力下降、内部矛盾激化。你们需要先明确问题究竟出在哪里，是标准设计、执行流程，还是结果应用？

3 我们试过让员工填反馈问卷，但回收率不到 30%，而且大家只写表面问题，比如沟通不足，根本挖不到深层次原因。

4 绩效问题往往隐藏在流程惯性里，比如目标设定是否与战略脱节、评估标准是否模糊、反馈机制是否流于形式。不拆解这些环节，只是一味问员工意见，改进方案只能是隔靴搔痒。

5 如果发现是绩效管理标准设计有问题，调整考核指标就能解决吗？

6 不一定。调整指标只是表象，需深挖问题根源。比如，若技术部"创新"指标难以量化，可能是未明确创新的定义（如专利数、流程优化案例）或缺乏数据支持。找到根源后，才能针对性优化。

AI 提问框架

通用提问公式 = 情境描述 + 问题定位 + 分析需求

情境描述

描述绩效管理的背景、现状及涉及范围，帮助 AI 理解问题的上下文。

提问要素
- **组织特征：** 如规模、行业、管理成熟度。
- **绩效体系现状：** 如考核周期、工具、历史问题。
- **涉及人员：** 如全员考核 / 仅部门试点、管理层级。

问题定位

明确当前绩效管理的核心痛点，聚焦于具体矛盾点。避免模糊提问（如"如何优化绩效"，需具体到"考核标准不清晰如何解决"）。

提问要素
- **现象描述：** 如员工对考核结果争议大、目标完成率低。
- **矛盾表现：** 如标准不统一、评分主观性强。
- **潜在影响：** 如影响晋升公平性、导致人才流失。

分析需求

明确 AI 需提供的分析方向和结果形式，将问题转化为 AI 可执行落地的任务（如"分析技术部与销售部考核标准差异的根源，并提出统一框架"）。

提问要素
- **分析类型：** 如根因分析、对标分析、流程优化建议。
- **数据需求：** 如需引用行业报告、内部历史数据。
- **输出形式：** 如列出 3 个核心问题及优先级、设计改进方案框架。

准备资料

要点	内容
绩效体系文件	现行考核制度、评分规则、历史考核数据（如评分分布、申诉案例）等。
员工反馈	匿名调研结果（如对考核公平性、标准清晰度的评分）、离职面谈记录。
业务数据	部门目标完成率、关键绩效指标达成情况、标杆企业绩效管理案例等。
管理诉求	HR 部门的核心目标、高层对绩效管理的期待等。

实战案例

情境描述

我是一家 500 人规模的互联网公司 HR 负责人，公司采用 OKR（目标与关键结果法）+KPI（关键绩效指标）双轨考核，但近期发现：1. 技术部门 OKR 与业务部门 KPI 缺乏关联性；2. 考核评分主观性强（如"工作态度"占比 30%，但无具体定义）；3. 员工申诉率同比上升 40%，主要争议点为"目标未达成却获高分"。

问题定位

1. 标准割裂：技术部与业务部考核目标未对齐，导致协作效率低。
2. 主观性强：评分标准模糊，易引发争议。
3. 结果失真：目标未达成却获高分，可能存在"平均主义"倾向。

分析需求

请你协助我

1. 针对"标准割裂"问题，分析技术部与业务部考核目标的关联性，并提出对齐建议。
2. 针对"主观性强"问题，设计"工作态度"等定性指标的量化评分标准。
3. 针对"结果失真"问题，结合历史数据，识别评分偏差的典型场景（如哪些部门／岗位易出现"目标未达成但高分"），并给出改进方案。
4. 输出一份《绩效管理优化建议书》，包含 3 项优先级最高的改进措施及实施步骤。

注意事项

要点	内容
交叉验证	AI 的分析结果需与实际数据（如员工访谈、历史考核数据）对照。
避免绝对化	AI 可能建议完全量化所有指标，但需结合岗位特性（如创意类岗位难以完全量化），保留一定灵活性。
人性化管理	AI 生成的改进方案可能忽略组织文化（如强制排名可能引发内部竞争），需结合实际情况调整。
动态迭代	绩效管理问题可能会随组织发展而变化，建议每季度重新分析，确保问题定位的时效性。

1.2 用 AI 设计绩效管理体系

问题情景

1 我们公司最近调整了组织架构，但绩效管理体系还是老一套，导致新业务部门和传统部门都抱怨绩效考核不公平。

2 这说明绩效体系没有跟上战略转型的节奏。好的绩效管理体系需要动态匹配组织目标，比如新业务部门可能需要"市场占有率增速"这类过程指标，而传统部门更关注"成本管控率"等结果指标。

3 我们公司去年推行 KPI 考核后，今年发现员工积极性反而下降了。技术部抱怨"每天填表应付考核，没时间写代码"，销售部则说"目标定得太高，完不成也没区别"。到底问题出在哪里？

4 这说明你们的绩效管理体系可能存在"两张皮"问题：考核标准与实际工作脱节，激励效果与目标导向不匹配。绩效管理的核心是通过目标拆解、过程反馈和结果应用，让员工行为与组织战略一致。

5 如何避免考核变成"填表游戏"？员工反馈现在打分全凭主观，优秀的人反而得分低。

6 需要引入"强制分布"和"校准会议"。比如将绩效分为五档，每档设定比例上限，再通过跨部门评审团调整极端评分。让规则透明化，比如提前公示"连续两次 C 档将触发改进计划"。

AI 提问框架

通用提问公式 = 情境定位 + 核心矛盾 + 设计需求

情境定位 →

描述组织当前的具体现状，为 AI 提供分析背景。

提问要素

- **战略阶段**：如初创企业、成熟集团、转型期企业。
- **行业特性**：如高流动性销售团队、知识密集型研发团队。
- **现有工具**：如是否已使用 OKR 系统、ERP（企业资源计划）人力模块。
- **文化特征**：如强调创新 / 注重流程。

核心矛盾 →

明确当前绩效管理中最突出的 1~2 个矛盾，需具体到可观测现象。

提问要素

- **目标脱节**：如部门目标与公司战略关联度低于 30%。
- **评估偏差**：如技术岗评分方差仅为销售岗的 1/3。
- **激励失效**：如高绩效员工离职率是平均值的 2 倍。

设计需求 →

提出希望 AI 输出的具体成果，需包含方法论与落地细节。

提问要素

- **模型选择**：如基于"KPI+360 度反馈法"的混合模型。
- **工具建议**：如推荐 5 个轻量级绩效管理 SaaS（软件运营服务）工具。
- **风险预案**：如若部门负责人抵制强制分布，可替换为"目标校准工作坊"。

准备资料

要点	内容
战略文件	公司未来 1~3 年战略规划、部门年度目标分解表等。
现有制度	现行绩效考核制度全文、历史评分数据（须脱敏处理）等。
员工反馈	近两次员工满意度调研中关于绩效管理的负面评价汇总。
行业对标	3~5 家同行业标杆企业的绩效管理案例。
技术条件	可用的数字化工具清单。

实战案例

情境定位 → 我是一家医疗 AI 软件公司的 HR 负责人，公司正处于从"项目制"向"产品化"转型期，现有 120 名员工中 70% 为研发岗，但绩效考核仍沿用传统制造业的"工时制"，导致产品经理抱怨"需求排期混乱"，技术负责人抱怨"重复造轮子"。

核心矛盾 → 1. 目标错位：研发岗考核"有效工时"，但产品化需要"模块复用率"和"缺陷密度"。
2. 评估失真：跨部门协作项目缺乏客观评价标准，导致"甩锅文化"盛行。
3. 激励滞后：季度考核周期无法匹配敏捷开发节奏，优秀功能上线 3 个月后员工才获奖励。

设计需求 → **请你协助我**
1. 为研发岗设计一套与"产品化战略"匹配的绩效指标库，需包含"技术债清理进度""知识库贡献值"等创新指标。
2. 制定跨部门项目考核规则，要求包含"责任矩阵"和"贡献值换算公式"。
3. 推荐适配敏捷开发的考核周期与即时激励方案（如"功能上线即发奖金"），并估算调整后的人力成本变动。

注意事项

要点	内容
文化适配性	AI 生成的方案需通过员工访谈验证（强制分布可能引发老员工抵触）。
动态校准机制	建议每季度用 AI 复盘指标有效性，淘汰评分集中度过高或与业务结果相关性较低的指标。
隐私合规边界	若使用 AI 分析员工沟通数据（如邮件 / 会议记录），需明确告知并获得授权。
人性缓冲带	在 AI 生成考核结果后，增加管理者复核环节，避免算法的冰冷结论（如因一次迟到记录影响全年评级）。

1.3 用 AI 选择绩效管理工具

问题情景

1 我们公司去年推行 OKR，结果半年后业务部门抱怨"目标拆解太复杂"，管理层觉得"过程追踪太耗时"，最后又改回 KPI 了。现在团队对绩效管理完全没信心，该怎么办？

2 这说明绩效管理工具与场景不匹配，OKR 适合创新驱动型团队（如互联网公司），但传统制造业用 KPI 可能更高效。

3 那我们要通过什么样的标准来选择绩效管理工具呢？判断依据是什么呢？

4 选择绩效管理工具前可以先问 3 个问题：1. 业务目标是什么？（如快速扩张 / 降本增效）2. 团队能力如何？（如员工自主性高 / 依赖指令）3. 管理成熟度怎样？（如目标拆解清晰 / 目标常变动）。

5 可我们业务复杂，既有研发部门需要创新，又有生产部门追求效率，该怎么选？

6 可以组合使用。比如，研发部门用 OKR 聚焦突破性目标，生产部门用 KPI 量化过程指标。工具必须服务于战略。如果公司今年核心是保生存，KPI 可能比 OKR 更有效；如果是抢市场，OKR 可能更激发突破性创新。

AI 提问框架

通用提问公式 = 组织特征描述 + 绩效痛点提炼 + 工具筛选需求

组织特征描述

阐述组织的具体特征，为工具适配性分析提供基础，且避免工具与组织特征冲突（比如流程僵化的团队强行推行 OKR）。

提问要素
- **业务类型**：如销售驱动、技术驱动、服务导向。
- **组织结构**：如层级制、扁平化。
- **战略阶段**：如快速增长期、转型期、成熟期。
- **现有资源**：如数据系统成熟度、管理者执行能力。

绩效痛点提炼

精准定位现行绩效管理的核心矛盾，将模糊诉求转化为可解决的命题（如"KPI 导致短视"需具体为"销售签单量指标挤压客户复购率"）。

提问要素
- **问题现象**：如目标达成率波动大、跨部门目标冲突频发。
- **影响程度**：如导致季度奖金分配争议增加 40%。
- **归因假设**：如"目标设定未考虑市场变化"需转化为"需验证目标动态调整机制"。

工具筛选需求

明确期望 AI 输出的分析方向及决策依据，将问题导向可落地的建议（如要求 AI 模拟 OKR 在矩阵式组织中的推行成功率）。

提问要素
- **工具对比维度**：如灵活性、数据门槛、文化适配性。
- **约束条件**：如三个月内上线、无需额外 IT 投入。
- **期望成果**：如推荐 2 种方案并预测执行风险。

准备资料

要点	内容
组织基础档案	包括战略规划文档、现有绩效制度、近两年考核结果数据等。
痛点证据链	员工调研报告、跨部门冲突案例、目标偏离的具体数据等。
标杆对比素材	同行业头部企业的工具使用案例、第三方测评报告等。
资源清单	预算范围、可调用的技术支持、管理层预期时间表等。

实战案例

组织特征描述

我是一家医疗器械公司的人力资源负责人，公司主要面向公立医院提供高端影像设备，研发周期长（平均 18 个月），销售依赖招投标。现有绩效体系采用 KPI，但出现两大问题：一是研发人员因考核"专利数量"忽视临床需求匹配度，导致 30% 的项目因实用性不足被医院退回；二是销售团队为完成"年度中标金额"指标，频繁降价导致毛利率下降 5%。管理层希望重构绩效工具，但研发部要求增加创新容错空间，财务部坚持利润考核优先级。

绩效痛点提炼

1. 目标冲突：短期财务指标与长期技术沉淀失衡，研发与销售目标未对齐。
2. 行为扭曲：KPI 导致研发追求专利数量而非质量，销售为冲单损害利润。
3. 工具僵化：现有考核无法适应产品迭代周期（如研发成果需 2 年后才产生收益）。

请你协助我

1. 对比 KPI、OKR、BSC 平衡计分卡在解决"长短目标平衡"和"部门协同"上的优劣。
2. 设计一种混合模型（如"OKR+BSC"），说明如何用 OKR 定义"临床需求转化率"等过程目标，用 BSC 监控财务与客户维度结果。
3. 预估该模型落地的 3 个主要风险（如中层管理者抵触）及应对策略。

工具筛选需求

注意事项

要点	内容
文化适配测试	若 AI 建议采用 OKR，需评估管理层能否容忍目标公开透明和阶段性失败。
渐进式迭代	避免全面替换工具，可先在试点部门（如创新实验室）验证有效性。
人性化补偿机制	工具切换可能引发焦虑，需配套培训与过渡期考核保护政策。

1.4 用 AI 设计优化绩效管理流程

问题情景

1 我们公司绩效管理总被抱怨"形式化"。员工觉得考核指标模糊，管理者抱怨打分主观，流程还特别烦琐，您觉得问题出在哪？

2 可以检查一下绩效管理流程设计方面的问题。绩效管理不只是打分工具，还是通过目标对齐、过程反馈、结果应用的闭环管理工具，驱动员工和组织共同成长。如果流程缺失关键环节，可能会变成走过场。

3 可我们也有目标分解啊，但执行时总变味，比如部门目标和个人目标脱节，员工说"干得再好也和考核没关系"。

4 这说明流程缺乏双向对齐机制。设计时需确保：1. 组织目标逐层拆解到个人，且员工理解自身贡献点；2. 过程中管理者需定期与员工沟通目标进展，动态调整偏差，否则目标就成了挂在墙上的画。

5 那绩效反馈呢？很多管理者怕冲突，反馈要么笼统要么拖延，最后往往变成了秋后算账。

6 要用规则降低主观性。比如：1. 设定季度"一对一反馈会"的固定流程；2. 提供结构化反馈模板（如"行为＋影响＋改进方向"）；3. 要求管理者记录关键事件作为评分依据。流程越明确，执行越落地。

AI 提问框架

通用提问公式 = 业务背景 + 痛点诊断 + 流程设计需求

业务背景 ➡️ 描述企业当前所处的具体背景，为流程设计提供背景锚点。

提问要素
- **战略目标**：如三年内市场占有率翻倍。
- **组织特性**：如销售型团队占比 60%、研发人员分散在 5 个城市。
- **管理痛点**：如中层管理者绩效管理能力参差不齐。

痛点诊断 ➡️ 明确绩效管理流程中亟待解决的核心问题，需具体到流程环节。

提问要素
- **流程断点**：如目标制定后缺乏过程跟踪。
- **角色缺失**：如 HR 未参与目标校准。
- **工具不足**：如反馈记录依赖纸质，难以追溯。

流程设计需求 ➡️ 明确希望 AI 输出的流程设计内容，将需求转化为 AI 可执行落地的方案（如将"优化反馈流程"转化为"设计包含'行为描述 - 影响分析 - 改进建议'反馈模板"）。

提问要素
- **流程阶段**：如"目标制定→过程跟踪→结果评估→反馈改进"。
- **角色分工**：如 HR 负责流程培训，管理者负责一对一反馈。
- **交付成果**：如输出《绩效沟通话术模板》、设计季度目标校准会 SOP（标准作业程序）。

准备资料

要点	内容
组织战略与目标	企业当前战略重点、部门级目标拆解逻辑等。
现有流程与问题	现有绩效管理流程图、员工 / 管理者调研数据等。
角色能力与资源	管理者绩效管理能力评估、可投入的工具资源等。
文化适配性需求	企业对绩效管理的隐性要求。

实战案例

业务背景 → 我们是一家 200 人规模的电商公司，以销售团队为主（占比 70%），研发团队分散在杭州、深圳两地。当前战略目标是"6 个月内将复购率从 25% 提升至 35%"。

痛点诊断 → 1. 目标对齐缺失：员工不了解自身目标如何支撑公司战略，导致执行偏差。
2. 过程反馈不足：管理者未养成与员工定期沟通的习惯，员工仅在考核时才知道问题。
3. 评分主观性强：缺乏客观数据支撑，管理者凭印象打分，引发公平性质疑。

流程设计需求 → **请你协助我设计一套绩效管理流程，要求如下**
1. 流程框架：包含目标制定、过程跟踪、结果评估、反馈改进四阶段。
2. 其中包括如下关键动作。
- 目标制定阶段：设计"战略目标拆解工作坊"流程，确保员工理解个人贡献点。
- 过程跟踪阶段：提供"周反馈模板"（含行为描述、影响分析、改进建议）。
- 结果评估阶段：制定"评分校准会"SOP，要求管理者提供 3 项以上客观数据佐证评分。
3. 交付成果：输出《绩效管理流程手册》《管理者反馈话术模板》《评分校准会检查清单》。

注意事项

要点	内容
文化适配	AI 生成的流程需与企业现有文化匹配。
工具配套	流程中涉及的工具（如线上表单）需提前评估企业资源。
角色赋能	流程设计后需配套管理者培训，否则流程会因执行能力不足而失效。
动态优化	每季度复盘流程执行效果，根据业务变化迭代流程细节。

1.5 用 AI 对绩效管理做权责设计

问题情景

1 我们公司最近在绩效考核时，HR 和业务部门产生矛盾，各执一词。HR 说"业务部门不按规则打分"，业务部门抱怨"HR 设计的指标脱离实际"。这种扯皮该怎么破解？

2 根源在于绩效管理的权责分工不清晰。如果没明确谁负责指标设计、谁负责过程监督、谁负责结果应用，各部门可能踢皮球。合理的权责设计，能像"分诊台"一样，让问题精准对接责任人。

3 可我们也有分工，比如 HR 负责制定规则，部门负责人打分，但执行时还是乱。比如销售部说"客户回款周期长，影响考核公平性"，HR 又说"这是你们自己签的合同"。

4 这说明分工只是表面，缺乏动态协同。可以设置绩效管理委员会，由 HR、财务、业务负责人共同参与，负责争议决策。同时，明确各环节责任人：HR 提供工具和方法论，业务部门提供数据，财务提供成本约束。

5 还有个问题，员工总觉得考核是"黑箱操作"，不知道该找谁反馈。比如，研发人员觉得自己的创新贡献没被认可，但不知道该找 HR 还是技术总监。

6 这正是权责设计缺失的表现。需明确绩效反馈双通道：HR 负责流程合规性（如是否按流程打分），技术总监负责专业贡献评估（如技术成果是否达标）。同时设定绩效申诉流程，要求所有争议在 3 个工作日内响应。

AI 提问框架

通用提问公式 = 组织现状 + 权责冲突 + 设计需求

组织现状

描述企业当前现状，为权责设计提供基础，帮助 AI 理解企业权责设计的起点。

提问要素

· **组织结构**：如矩阵式管理、事业部制。
· **管理痛点**：如跨部门协作差、HR 与业务部门冲突频繁。
· **现有分工**：如 HR 负责所有绩效指标设计。

权责冲突

明确当前绩效管理中因权责不清导致的具体问题，需聚焦到角色和场景。

提问要素

· **冲突角色**：如 HR 与业务部门、管理者与员工。
· **冲突场景**：如指标设计、打分争议、反馈处理。
· **影响后果**：如考核周期延长、员工满意度下降。

设计需求

明确希望 AI 输出的权责设计方案内容，将需求转化为 AI 可执行落地的方案。

提问要素

· **机构设置**：如设立绩效管理委员会、HRBP（人力资源业务合作伙伴）嵌入业务部门。
· **角色分工**：如 HR 负责流程设计，业务部门负责数据提供，财务负责成本约束。
· **协作流程**：如指标设计三步法（HR 提供模板→业务部门填写→委员会审批）。

准备资料

要点	内容
组织架构与流程	当前组织架构图、现有绩效管理流程。
权责冲突案例	历史冲突记录、员工调研数据等。
资源与约束	可投入的人力资源、现有工具等。
文化与诉求	企业对绩效管理的隐性要求、高层对权责设计的核心诉求等。

实战案例

组织现状 → 我们是一家 500 人规模的制造业企业，采用矩阵式管理（按产品线划分事业部，按职能划分部门），当前绩效管理由 HR 统一负责。

权责冲突 →
1. 指标设计冲突：HR 认为需平衡公司战略与部门目标，业务部门认为"HR 不懂业务，指标脱离实际"。
2. 考核过程失控：部门负责人随意调整打分规则（如私下给老员工加分），HR 无法监控。
3. 反馈渠道缺失：员工对考核结果不满意时，HR 和部门负责人互相推诿，导致问题积压。

设计需求 →
请你协助我设计一套绩效管理权责方案，要求如下
1. 机构设置
· 设立"绩效管理委员会"（成员包括人力资源总监、财务总监、事业部负责人），负责争议决策。
· 在事业部增设 HRBP，负责指标设计与过程监督。
2. 角色分工
· HRBP：提供指标设计模板，组织业务部门填写，汇总至委员会。
· 业务部门：提供业务数据与案例，参与指标校准。
· 绩效管理委员会：审批最终指标，处理重大争议。
3. 协作流程
· 指标设计：HRBP 提供模板→业务部门填写→绩效管理委员会审批→全员公示。
· 考核监督：HRBP 定期抽查打分记录，异常情况提交绩效管理委员会。
· 反馈处理：员工可向 HRBP 或部门负责人反馈，24 小时内响应，48 小时内提交绩效管理委员会。

注意事项

要点	内容
文化适配性	权责设计需与企业现有文化匹配。
角色赋能	需为新角色（如 HRBP）提供培训，避免有岗但能力不足。
透明化沟通	全员宣贯权责分工，避免"设计得好，但员工不知道找谁"。

1.6 用 AI 编制优化绩效管理制度

问题情景

1 最近公司推行全员绩效考核，但制度文本中写的考核标准过于模糊，比如工作主动性、团队协作等维度缺乏量化依据，导致评分争议频发，员工抱怨主观性太强，这种情况该如何优化？

2 绩效制度需要绑定岗位特性。比如销售岗的主动性可以拆解为客户拜访频次、需求响应时效等可量化指标，而研发岗则需关联技术文档完整性、项目节点达成率等硬性标准。通过颗粒度拆解，才能减少模糊空间。

3 如果制度设计得太复杂，员工看不懂、管理者执行难，岂不是更糟糕？

4 当然，所以在编写制度时，要讲员工看得懂的内容。让考核流程尽量简化，尽可能实现自动化。

5 还有一个难点是制度更新滞后。市场策略调整后，原有的考核指标无法匹配新业务目标，修订周期长达 3 个月，如何提升制度的敏捷性？

6 可以将考核指标分为基础项（如考勤、合规）和浮动项（如新业务贡献度），后者可随战略变化快速调整。同时每季度设置制度弹性窗口期，通过部门负责人提案、管理层联审的机制，配合 AI 工具，实现 48 小时内完成制度迭代。

AI 提问框架

通用提问公式 = 制度背景 + 现存问题 + 优化目标

描述企业当前绩效管理制度背景的客观信息。

制度背景

提问要素

- **企业规模**：如 500 人研发型团队、行业属性（如快消品行业）。
- **现有制度痛点**：如指标库 3 年未更新、仅考核结果不考核行为。
- **特殊约束**：如需符合 ISO（国际标准化组织）质量管理体系、总部要求统一模板。

用具体案例量化制度缺陷，避免模糊表述。

现存问题

提问要素

- **指标设计问题**：如研发部考核代码行数，导致技术债堆积。
- **流程漏洞**：如考核结果公示后无申诉通道。
- **员工反馈**：如近 3 年离职面谈中，62% 提到"考核不公平"。

明确希望 AI 输出的制度编写或优化方向，将需求转化为 AI 可执行落地的任务清单。

优化目标

提问要素

- **结构优化**：如增加二级指标、按部门拆分考核模板。
- **合规性要求**：如确保符合《中华人民共和国劳动合同法》（简称《劳动合同法》）条款。
- **落地支持**：如生成配套的《绩效面谈话术指南》。

准备资料

要点	内容
现有制度文本	现行绩效考核办法、指标库、流程图等原始文件。
历史数据	近 3 年考核结果分布、员工申诉记录等。
行业对标	同行业标杆企业绩效管理制度（可从 HR 社群、行业白皮书获取）。
法律合规	与绩效考核相关的法律法规条款。
员工反馈	离职面谈记录、满意度调查中关于考核的抱怨原文。

实战案例

业务背景

我公司是一家 200 人的软件研发企业，现行绩效管理制度已沿用 5 年，核心问题为：1. 全员使用同一套 KPI 模板，研发部抱怨"需求交付量"指标不合理；2. 考核结果仅影响奖金，无配套改进计划；3. 近两年员工申诉率上升 37%，主要集中在"评分主观"问题。

现存问题

1. 指标僵化：销售部考核"合同额"，但战略客户需长期跟进，导致员工为短期目标牺牲长期利益。
2. 流程断层：考核结束后无面谈环节，员工不知如何改进。
3. 合规风险：制度中"连续 2 次 C 档可辞退"条款与《劳动合同法》冲突。

优化目标

请你协助我
1. 按部门拆分考核模板（如研发部增加"技术文档完整率"，市场部增加"客户续约率"）。
2. 设计"绩效改进计划表"，要求管理者在考核后 3 日内与员工制定改进方案。
3. 检查制度全文，标注所有潜在法律风险点并给出修改建议。
4. 生成配套的《绩效面谈 SOP》，包含如何解释评分逻辑、如何倾听员工异议等话术。

注意事项

要点	内容
场景化验证	AI 输出的制度需结合企业实际测试，如先在某个部门试运行 3 个月。
法律复核	AI 生成的合规性建议需交由法务部门二次确认。
文化适配	警惕 AI 推荐互联网大厂的"强考核绩效管理制度"，需评估与企业文化的匹配度。
动态更新	建议每季度用 AI 分析考核数据，自动识别全员满分或全员低分的异常指标。
人性平衡	对 AI 建议的硬性指标需补充柔性条款，如因救灾等特殊情况可申请豁免。

1.7 用 AI 检索同类公司绩效管理案例

问题情景

1 上次去大公司参观学习，发现他们用的 OKR 效果不错，我把这套体系直接拿到了我们公司后，发现团队一直抵触，员工积极性反而下降了，怎么会这样？

2 如果只是简单照搬一些大公司的 OKR 模板，没有参考同行业同类企业的成功实践案例，很容易水土不服。比如，有些企业会将 OKR 与项目里程碑挂钩，有些则会用"挑战值 + 基础值"双轨制，这些都需要结合行业特性来设计。

3 好像是，大公司的考核周期（季度）和资源支持（如配套的数字化工具）我们根本跟不上，结果越推越乱。为什么不能直接学大公司呢？

4 大公司的案例可能适合成熟业务、高投入团队，但中小企业更需要轻量化的方案。比如，有的公司会将 OKR 拆解到双月甚至月度，有的会用"周复盘 + 月调整"的节奏，这些细节需要从同类企业的真实成功案例中提炼。

5 如果直接让员工自己定 OKR，他们又说"不知道行业标杆是什么"，导致目标缺乏挑战性，这种情况怎么解决？

6 如果团队能接触到同类公司的 OKR 成功案例（比如某家电商公司如何将用户复购率拆解为新客首单转化率和老客回购频次），他们就能更清晰地设定目标。案例既能提供方法论，又能激发挑战欲。

AI 提问框架

通用提问公式 = 业务画像 + 案例需求 + 适配约束

业务画像

描述企业具体业务画像，帮助 AI 定位同类公司。

提问要素
- **企业类型**：如传统制造业、互联网初创公司、连锁零售。
- **员工规模**：如 50 人以下小微企业、500 人以上中型企业。
- **业务痛点**：如目标拆解难、考核周期长、员工抵触情绪高。

案例需求

明确希望 AI 提供的案例类型及内容深度，聚焦可落地的经验，将模糊需求转化为 AI 可执行落地的任务（如将"我想学别人怎么定目标"转化为"提供 3 家互联网公司的季度 OKR 案例，需包含目标拆解逻辑和完成率数据"）。

提问要素
- **案例类型**：如 OKR 落地经验、KPI 与 OKR 结合案例。
- **内容维度**：如目标设定逻辑、考核周期、激励措施、失败教训。
- **输出形式**：如文字描述、表格对比、流程图。

适配约束

说明企业资源、文化等限制条件，确保 AI 推荐的案例可落地。避免 AI 推荐"理想化"案例（如全员使用专业 OKR 软件），而是提供符合企业现状的解决方案。

提问要素
- **资源限制**：如无数字化工具、预算有限。
- **文化偏好**：如团队偏好结果导向而非过程管理。
- **特殊需求**：如需规避法律风险、需考虑多地分公司协作。

准备资料

要点	内容
资源约束说明	预算范围、技术能力等。
企业基础信息	行业分类、员工规模与分布、现有绩效工具等。
业务痛点清单	目标设定不合理、考核周期过长、员工抵触情绪等具体问题。
文化偏好描述	如团队对严格考核的接受度、管理层对创新的容忍度等。

实战案例

业务画像

我们是一家 80 人规模的跨境电商公司，主营家居用品出口，团队分为运营、选品、客服三类岗位。目前推行 OKR 时遇到以下问题：运营岗的目标（如提升店铺流量）难以量化，选品岗的考核周期（季度）与业务节奏（月度上新）不匹配，员工普遍认为"目标与薪资无关，没必要拼命"。

案例需求

请提供 3 家同类跨境电商公司的 OKR 案例，需包含以下 4 点

1. 目标拆解逻辑（如店铺流量如何拆解为广告投放投资回报率、自然搜索占比）。

2. 考核周期设计（如运营岗按双月考核，选品岗按月度 + 季度双轨制）。

3. 激励措施（如目标完成率与奖金挂钩的具体公式）。

4. 提供案例中的失败教训（如某家公司因目标拆解过细导致员工内耗）。

适配约束

需要注意如下约束条件

1. 资源限制：无专业 OKR 软件，仅能使用 Excel 和钉钉。

2. 文化偏好：团队年轻化（"90 后"占比 70%），偏好轻量化管理工具。

3. 特殊需求：需考虑多地仓库协作，如杭州选品团队与深圳仓储团队的 OKR 联动。

注意事项

要点	内容
案例验证	AI 推荐的案例需通过行业报告、公开新闻等渠道交叉验证其真实性。
文化适配	若案例来自文化差异较大的企业（如外企 vs 民企），需调整实施细节（如沟通方式、激励手段）。
动态调整	同类公司的案例可能因业务变化（如市场环境、政策调整）而失效，需定期更新案例库。
避免盲目	案例中的最佳实践需结合企业自身资源、团队能力选择性吸收（如全员股权激励可能不适合现金流紧张的初创公司）。

1.8　用 AI 破解绩效管理实施中的难题

问题情景

1　我们公司今年推行 KPI 考核，但研发团队抵触情绪特别大，说"代码质量没法量化""过度追求指标会牺牲创新"，甚至有人威胁离职，这种情况该怎么解决？

2　这是典型的目标冲突问题。你们需要先解决"如何定义创新价值"的问题。比如谷歌的 OKR 模式会允许 20% 的时间用于自由探索，同时将创新成果（如专利数量、用户反馈）纳入考核维度。

3　我们试过让研发团队自己定 KPI，结果有人写"每周写 100 行代码"，有人写"修复 3 个 Bug（软件缺陷）"，完全没法横向对比，这种情况怎么破解？

4　这说明指标设计缺乏统一标准。比如微软曾用代码可维护性评分和用户需求响应速度替代单纯的代码量考核。你们需要从过程指标转向结果指标，用同行对标避免标准混乱。

5　如果强制推行标准化考核，团队说"公司不信任我们"，加剧矛盾，这种情况怎么办？

6　关键是要让员工感受到"目标是我们一起定的"，而不是"公司强加的"。华为的绩效承诺制要求员工与主管共同制定目标，并签字确认。

AI 提问框架

通用提问公式 = 场景还原 + 矛盾拆解 + 方案需求

场景还原 → 描述问题发生的具体业务场景，帮助 AI 理解问题的具体形态。

提问要素
- 团队类型：如研发岗、销售岗、客服岗。
- 考核模式：如 KPI、OKR、360 度反馈法。
- 矛盾表现：如员工抵触考核、指标无法横向对比。

矛盾拆解 → 将问题拆解为可分析的矛盾点，明确问题的本质和影响范围。

提问要素
- 矛盾本质：如量化与创新的冲突、标准化与个性化的矛盾。
- 影响范围：如导致核心员工流失、影响团队协作效率。
- 关键利益方：如"管理层 vs 员工""短期目标 vs 长期发展"。

方案需求 → 明确希望 AI 提供的解决方案类型及具体要求，需指向可落地的操作步骤（如将"如何让员工接受考核"转化为"提供 3 种降低员工抵触情绪的沟通策略，并附案例说明"）。

提问要素
- 方案类型：如指标设计模板、沟通话术库、冲突调解流程。
- 适用范围：如适用于研发团队的 OKR 模板、适用于销售团队的 KPI 调整方案。
- 约束条件：如需避免增加管理成本、需考虑员工接受度。

准备资料

要点	内容
业务目标约束	短期目标、长期目标等。
团队基础信息	岗位类型分布、员工能力水平等。
考核现状描述	当前考核模式、员工反馈、历史问题等。
管理偏好说明	管理层对"考核严格度"的容忍度、对创新的重视程度等。

实战案例

场景还原

我们是一家 50 人规模的互联网公司，研发团队占比 60%，目前推行 KPI 考核，但遇到以下问题。1. 员工抵触情绪严重，认为"代码质量无法量化""过度追求指标会牺牲用户体验"；2. 指标设计混乱，有人写"每周提交 10 次代码"，有人写"修复 5 个 Bug"，完全无法横向对比；3. 管理层与员工对立，员工认为"公司不信任我们"，管理层认为"员工缺乏责任心"。

矛盾拆解

1. 矛盾本质：量化与创新冲突（员工担心考核限制创造力，管理层担心目标无法落地）。
2. 影响范围：导致核心员工流失风险增加，项目交付周期延长 20%。
3. 关键利益方：管理层（追求目标达成）vs 员工（追求工作自由度）。

方案需求

请你协助我
1. 提供 3 种适用于研发团队的 KPI 设计模板，需包含以下 3 点。
- 指标类型：如"过程指标"与"结果指标"结合。
- 权重分配：如"代码质量 40%+ 用户体验 30%+ 交付效率 30%"。
- 计算方式：如"代码可维护性评分 = 静态代码分析工具得分 ×60%+ 用户反馈评分 ×40%"。
2. 提供降低员工抵触情绪的沟通策略，需包含：沟通话术（如"我们允许 20% 的时间用于自由探索"）；案例参考（如某公司如何通过 OKR 实现创新与考核的平衡）。
3. 方案需满足以下约束条件：不增加管理成本（如无需引入新工具）；兼顾员工接受度（如允许员工参与指标制定）。

注意事项

要点	内容
人性优先	AI 提供的方案需结合团队文化调整。
员工参与	AI 生成的方案需通过员工座谈会、匿名调研等方式验证可行性。
风险预判	对 AI 提出的激进方案，需评估实施风险（如团队是否具备自驱力）。

第

2

第

章

AI+绩效指标

绩效指标是绩效管理的指挥棒，不同岗位因职责、工作性质差异，需要量身定制绩效指标体系。以往 HR 与团队管理者在为各类岗位设计绩效指标时，常面临指标缺乏针对性、难以全面衡量岗位贡献等挑战。

而 AI 能彻底改善这种情况。无论是管理类岗位对战略执行与团队管理的综合考量，销售类岗位对业绩目标与市场拓展的精准把控，技术类岗位对创新能力与项目交付质量的评估，还是运营、生产、采购、财务、客服、行政等各类岗位的独特需求，AI 都能依据岗位特性，智能生成科学、合理、可量化的绩效指标，确保绩效指标体系与岗位价值紧密挂钩，推动绩效管理精准落地。

2.1 用 AI 为管理类岗位设计绩效指标

问题情景

1 最近公司部门经理的绩效指标总被抱怨"拍脑袋定"，比如销售总监的考核只有销售额，但忽略了团队流失率，结果新人留不住，老人又"躺平"，问题出在哪里？

2 单一指标（如销售额）容易引发短期行为，而管理岗需平衡目标达成与团队赋能。科学设计指标能避免唯结果论、强化向下负责和对齐战略。

3 但不同管理岗（如研发总监、运营总监）的职责差异大，怎么统一设计框架？

4 设计共性指标（如团队目标达成率）、设计个性指标（如研发岗侧重技术专利产出，运营岗侧重用户留存率）、动态设计权重（如根据战略优先级调整）。

5 如果指标定得太高，管理者完不成，反而挫伤积极性，怎么平衡？

6 设置基础目标（如保绩效）和挑战目标（如奖超额）；挑战目标要参考历史数据（如部门人均效能较去年提升15%），而非直接对标行业标杆。指标设置过程透明化，根据指标完成进度及时调整策略（如资源倾斜）。

AI 提问框架

通用提问公式 = 岗位背景 + 核心诉求 + 设计要求

岗位背景 →

描述管理岗位的职责范围、团队规模及业务阶段，帮助 AI 理解岗位管理场景。

提问要素

- **岗位名称**：如销售总监、产品经理主管。
- **团队人数及结构**：如下辖 10 名区域经理，含 3 名新人。
- **业务重点**：如从 0 到 1 开拓华东市场、优化现有产品线用户留存。

核心诉求 →

明确需通过绩效指标解决的管理痛点或战略目标，聚焦 AI 设计方向。

提问要素

- **痛点类型**：如团队流失率高、跨部门协作效率低。
- **战略关联**：如支撑公司年度营业收入（简称营收）增长 30%、提升客户满意度至行业 Top3（排名前 3）。
- **优先级排序**：如先解决新人带教问题，再优化流程效率。

设计要求 →

明确绩效指标设计的具体要求，包括指标维度、数据来源及输出形式。

提问要素

- **指标维度**：如结果指标、过程指标、能力指标。
- **数据采集方式**：如通过 OKR 系统抓取目标完成率、通过 360 度反馈法收集协作满意度。
- **交付成果**：如生成销售总监岗位绩效指标库，含指标定义、计算公式、权重建议。

准备资料

要点	内容
岗位说明书	明确管理岗的职责范围、汇报关系及核心输出等。
历史绩效数据	过往考核结果、360 度反馈法报告等。
战略规划	公司年度目标、部门重点任务等。
团队现状	人员能力分布、协作痛点等。

实战案例

岗位背景

我是一家 500 人规模电商公司的人力资源总监，现需为"新零售事业部运营总监"设计绩效指标。该岗位管理 20 人团队（含 5 名新人），负责线下门店与线上商城的融合运营，当前业务处于"从 0 到 1"阶段，需在 6 个月内实现华东地区单店月均商品交易总额 50 万元。

核心诉求

需解决三大问题

1. 新人带教不足：新人平均上手周期长达 3 个月，导致团队战斗力不足。

2. 跨部门协作低效：与物流、技术部门扯皮频繁，影响活动上线效率。

3. 战略目标分解模糊：部门目标"提升商品交易总额"未拆解为可执行的管理动作。

设计要求

请你协助我设计绩效指标（须提供相关数据）

1. 指标维度。

·结果指标：如单店月均商品交易总额、用户复购率。

·过程指标：如新人带教计划完成率、跨部门协作响应时效。

·能力指标：如团队培训时长、流程优化提案数。

2. 交付成果。

·生成运营总监岗位绩效指标库，含指标定义、计算公式、权重建议。

·提供指标与战略目标的关联性说明（如"新人带教计划完成率"如何支撑商品交易总额增长）。

注意事项

要点	内容
动态校准	每季度复盘指标达成率，若某指标连续两季度未达预期，需重新评估指标合理性。
数据验证	AI 生成的指标需与历史数据比对，避免脱离实际。
人性化调整	对部分定性指标需结合 360 度反馈法结果，避免单一数据源失真。
管理者参与	指标设计需与岗位管理者沟通确认，确保可执行。

2.2 用 AI 为销售类岗位设计绩效指标

问题情景

1 销售团队最近有 3 名核心骨干向我们表达对绩效考核的不满，说"考核指标太机械，只盯着销售额，根本不考虑客户满意度"。这种情况该怎么调整绩效指标？

2 如果考核销售人员只有销售额，销售会为了冲业绩过度承诺客户，甚至压货，最终损害长期合作关系。你们需要先明确"销售岗位的核心价值是什么"，然后再设计多重绩效考核指标。

3 我们试过增加客户满意度指标，但销售说"客户评分主观性太强，根本没法操作"，这种情况怎么解决？

4 这说明指标设计缺乏可操作性。比如某公司销售考核中，客户满意度通过退货率、投诉处理时效、重复购买率等客观数据量化。你们可以尝试用客户投诉次数、老客户续约率、转介绍客户数量等替代模糊的满意度评分。

5 如果销售为了完成"续约率"指标，故意降低价格甚至亏本签约，这种情况怎么避免？

6 这是指标冲突的问题。可以将考核拆解为基础指标（如销售额、利润率）和战略指标（如客户生命周期价值、高价值客户占比）。这样既能保证业绩，又能避免短期行为。

AI 提问框架

通用提问公式 = 岗位画像 + 矛盾定位 + 指标需求

岗位画像 ➤ 描述销售岗位核心信息，帮助 AI 理解岗位特性。

提问要素
- **岗位类型**：如 B2B（企业与企业间的交易模式）大客户销售、B2C（企业与消费者间的交易模式）零售销售、电话销售。
- **业务模式**：如直销、渠道分销、线上电商。
- **客户特征**：如客户决策周期、客单价、复购频率。

矛盾定位 ➤ 明确当前考核指标与业务目标之间的矛盾点。

提问要素
- **矛盾本质**：如销售额与利润率的冲突、短期业绩与长期关系的冲突。
- **矛盾表现**：如"销售为冲业绩压货，导致退货率上升 15%""客户续约率下降 20%"。
- **关键利益方**：如"管理层 vs 销售""客户 vs 公司"。

指标需求 ➤ 明确指标设计需求，将需求转化为 AI 可执行的任务。

提问要素
- **指标类型**：如基础指标、战略指标、过程指标、
- **权重分配**：如"销售额 50%+ 利润率 30%+ 客户满意度 20%"。
- **计算方式**：如"客户满意度 = 老客户续约率 ×60%+ 转介绍客户数量 ×40%"。
- **约束条件**：如需避免销售过度承诺、需兼容现有 ERP 系统。

准备资料

要点	内容
岗位基础信息	销售团队规模、岗位分工、平均客单价等。
业务现状描述	当前考核指标、历史问题等。
客户特征数据	客户决策周期、复购率等。
管理目标约束	短期目标、长期目标等。

实战案例

岗位画像

我们是一家面向中小企业的 SaaS 软件公司，销售团队共 50 人，分为大客户销售（20 人，负责年费 10 万元以上客户）和中小客户销售（30 人，负责年费 1 万~10 万元客户）。业务模式为直销，客户决策周期平均 45 天，复购率约 60%。

矛盾定位

1. 矛盾表现：客户续约率从 70% 降至 55%，客户投诉集中在"功能与承诺不符"。
2. 矛盾本质：销售额与利润率的冲突（销售为冲业绩过度降价，导致中小客户利润率下降 15%）。
3. 关键利益方：管理层（追求利润率）vs 销售（追求销售额）。

指标需求

请你协助我

1. 提供 3 种兼顾销售额与利润率的指标组合方案，需包含以下 3 点。
- 指标类型（如基础指标"销售额"、战略指标"利润率"、过程指标"客户功能需求匹配度"）。
- 权重分配（如"销售额 40%+ 利润率 30%+ 客户功能需求匹配度 30%"）。
- 计算方式（如"客户功能需求匹配度 = 已交付功能数 ÷ 客户需求功能数 ×100%"）。
2. 提供避免销售过度承诺的约束条件，需包含以下 2 点：一票否决项（如"因过度承诺导致客户投诉，直接扣减当月奖金 20%"）；审批流程（如"折扣超过 10% 需总监审批"）。
3. 方案需满足以下约束条件：兼容现有 ×× 系统（如可直接导出数据计算指标）；不增加销售工作量（如无需额外填写报表）。

注意事项

要点	内容
动态调整	销售指标需随市场变化调整。
数据验证	AI 生成的指标需与历史数据验证。
销售参与	指标设计需通过销售座谈会确认可行性。
风险预判	对 AI 提出的激进指标需评估实施风险。

2.3 用 AI 为技术类岗位设计绩效指标

问题情景

1 最近公司在技术团队推行绩效考核时，发现指标设计存在矛盾。比如程序员既要保障代码质量，又要追求交付速度，但两者难以量化平衡，导致考核结果争议不断。这类问题根源是什么？

2 技术类岗位的绩效指标失衡，本质是岗位特性未被结构化拆解。比如，代码质量可通过缺陷率、代码复用度等客观数据衡量，交付速度则需结合项目复杂度分级评估。两类指标不能混为一谈。

3 但像算法工程师这类岗位，研发周期长且成果不确定性高，如何设置合理的阶段性目标？目前团队普遍反映"季度考核只看最终结果，中途努力无法体现"。

4 这需要引入过程性指标分层管理。比如针对算法开发岗，可将数据清洗完成度、模型迭代次数、实验结论有效性等作为阶段里程碑，同时结合项目回溯机制（如技术文档完整度、知识分享频次）评估长期价值贡献。

5 还有一个现实问题：技术专家常被抽调参与紧急项目，导致常规职责（如技术培训、流程优化）被搁置，但现有考核体系并未覆盖这些隐性价值。

6 对专家型人才，基础指标聚焦专业深度（如技术方案通过率、专利产出），附加指标评估协同价值（如跨部门支持次数、带教新人成果）。同时引入 360 度反馈法，避免单一维度评价偏差。

AI 提问框架

通用提问公式 = 岗位特性描述 + 当前指标痛点 + 指标设计需求

岗位特性描述 → 对技术岗位的类型、技术领域、工作模式的客观描述，帮助 AI 理解岗位差异。

提问要素

· 岗位类型：如算法工程师、后端开发、测试工程师。

· 技术领域：如人工智能、大数据、云计算。

· 工作模式：如独立攻关、团队协作、长期迭代。

当前指标痛点 → 明确现有指标的缺陷，需提炼为可量化的矛盾点，聚焦问题核心。

提问要素

· 指标与职责错位：如用代码行数考核算法岗。

· 指标缺乏技术前瞻性：如未覆盖新技术领域。

· 指标难以量化：如技术贡献度无明确标准。

指标设计需求 → 明确指标设计需求，将需求转化为 AI 可执行的任务（如将"算法岗考核应简化"转化为"设计 3 个反映模型精度的指标，并匹配季度考核周期"）。

提问要素

· 指标类型：如过程指标、结果指标、能力指标。

· 考核周期：如月度、季度、项目周期。

· 关联目标：如技术突破、效率提升、成本优化。

准备资料

要点	内容
岗位基础信息	岗位说明书、技术栈清单、团队协作模式等。
技术特性描述	核心技术领域、技术成熟度、技术迭代周期等。
历史数据参考	过往绩效指标数据、技术成果清单、技术风险事件等。
管理者核心诉求	需重点突破的方向、技术战略目标等。

实战案例

岗位特性描述 →
我公司是一家 AI 医疗影像公司，当前拥有一支 15 人的算法团队，其中 8 人负责医学影像分割算法开发，5 人负责多模态数据融合算法研究，2 人负责算法工程化落地。团队采用 Scrum 模式（一种迭代式增量软件开发过程名称），技术栈以 PyTorch（一种开源的深度学习框架）为主，核心领域为 CT（计算机断层扫描）医学影像分割与 MRI（核磁共振成像）多模态数据融合，技术成熟度处于预研期向成熟期过渡阶段。

当前指标痛点 →
1. 指标与职责错位：用"论文发表数量"考核算法工程化落地岗，导致工程师忽视算法优化。
2. 指标缺乏前瞻性：未设置"模型泛化能力提升率"等指标，无法推动技术突破。
3. 指标难以量化：用"技术贡献度"主观评价，缺乏客观标准。

指标设计需求 →
请你协助我
1. 为医学影像分割算法岗设计 3 个反映模型精度的指标，匹配季度考核周期。
2. 为多模态数据融合算法岗设计 2 个反映技术前瞻性的指标，匹配半年度考核周期。
3. 为算法工程化落地岗设计 2 个反映工程效率的指标，匹配项目周期考核。
4. 提供指标设计逻辑说明及数据采集建议。

注意事项

要点	内容
技术验证	AI 生成的指标需与技术团队确认可行性，避免脱离技术实际。
数据脱敏	涉及技术细节需做泛化处理，避免泄露商业机密。
动态调整	技术迭代快，需每季度重新评估指标有效性，及时淘汰过时指标。
平衡考核	技术指标与业务指标需结合，避免过度追求技术突破而忽视产品落地。

2.4 用 AI 为运营类岗位设计绩效指标

问题情景

1 我们运营团队最近对指标设计特别头疼，比如用户运营岗用"用户活跃率"考核，但不同业务线（如电商、内容社区）的用户行为差异大，用同一指标导致有人"躺赢"，有人"白忙活"。

2 运营类岗位业务场景有碎片化特点。电商运营关注转化漏斗，内容运营关注内容分发效率，如果用同一指标，既无法体现岗位价值，还可能引发内部矛盾。

3 可运营工作太复杂了，流量、转化、复购、库存……怎么把这些拆成可量化的指标呢？

4 关键是要抓住岗位的价值杠杆点。比如电商运营的核心是投资回报率，但拆解后可能包括流量获取成本（推广岗）、页面停留时长（内容岗）、动销率（选品岗）。

5 如果业务方向调整了，指标是不是得全部推翻重来？感觉工作量巨大。

6 传统调整指标确实很慢，但有 AI 就不一样。AI 可以基于新品类数据重新建模，自动调整权重，比人工调整更敏捷。指标设计从静态可以变成动态。

AI 提问框架

通用提问公式 = 业务场景描述 + 当前指标痛点 + 指标设计需求

业务场景描述

具体描述运营岗位的业务场景，帮助 AI 理解岗位差异。

提问要素
- **业务类型**：如电商运营、用户运营、内容运营。
- **用户类型**：如 C 端消费者、B 端商家、内容创作者。
- **运营阶段**：如用户拉新、留存、转化、召回。

当前指标痛点

明确现有指标的缺陷，需提炼为可量化的矛盾点，聚焦问题核心。

提问要素
- **指标与场景错位**：如用"用户活跃率"考核电商运营。
- **指标缺乏前瞻性**：如未覆盖新业务模式。
- **指标难以归因**：如"商品交易总额提升"无法拆解到具体运营动作。

指标设计需求

明确指标设计需求，将需求转化为 AI 可执行的任务（如将"用户运营考核应简化"转化为"设计 3 个反映用户分层运营效果的指标，并匹配季度考核周期"）。

提问要素
- **指标类型**：如过程指标、结果指标、效率指标。
- **考核周期**：如月度、季度、活动周期。
- **关联目标**：如用户增长、商品交易总额提升、成本优化。

准备资料

要点	内容
岗位基础信息	岗位说明书、业务流程图、用户画像等。
业务特性描述	核心业务类型、用户生命周期阶段、关键运营动作等。
历史数据参考	过往绩效指标数据、用户行为数据、运营活动复盘报告等。
管理者核心诉求	需重点突破的方向、业务战略目标等。

实战案例

业务场景描述

我公司主要运营某本地生活服务平台。当前我管理一支 20 人运营团队，其中 8 人负责商家运营（覆盖餐饮、丽人、亲子等品类），6 人负责用户运营（负责拉新、留存、召回），6 人负责活动运营（策划平台级促销活动）。团队采用敏捷模式，业务覆盖全国 50 个城市，核心用户为 25~40 岁家庭用户，用户生命周期为"新客 – 活跃 – 流失"。

当前指标痛点

1. 指标与场景错位：用"用户活跃率"考核商家运营岗，导致运营人员忽视商家服务质量。
2. 指标缺乏前瞻性：未设置"新业务模式验证周期"等指标，无法推动创新。
3. 指标难以归因：用"商品交易总额提升"考核活动运营，但无法拆解到具体活动类型（如满减、秒杀）的效果。

指标设计需求

请你协助我
1. 为商家运营岗设计 3 个反映商家服务质量的指标，匹配季度考核周期。
2. 为用户运营岗设计 2 个反映用户分层运营效果的指标，匹配月度考核周期。
3. 为活动运营岗设计 2 个反映活动效果的指标，匹配活动周期考核。
4. 提供指标设计逻辑说明及数据采集建议。

注意事项

要点	内容
业务验证	AI 生成的指标需与业务团队确认可行性，避免脱离实际。
数据脱敏	涉及用户行为数据（如用户画像、消费金额）需做泛化处理，避免泄露隐私。
动态调整	业务变化快，需每月重新评估指标有效性，及时淘汰过时指标。
平衡考核	过程指标与结果指标需结合，避免过度追求短期效果而忽视长期价值。

2.5　用 AI 为生产类岗位设计绩效指标

问题情景

1　最近工厂的生产类岗位绩效指标设计遇到了瓶颈，指标要么过于依赖产量导致质量下滑，要么过于复杂导致员工不理解。生产类岗位的考核重点应该怎么平衡？

2　核心是平衡效率与质量。传统考核偏结果导向，容易忽略过程优化。比如只考核产量可能引发设备超负荷运转，而仅关注合格率又会压制产能。需要既反映产出贡献，又能引导员工主动优化的复合型指标。

3　我们还发现不同生产线技能差异很大，比如包装线和精密组装线的操作复杂度相差三倍，统一指标容易挫伤员工积极性。这种情况该怎么处理？

4　绩效指标必须与具体工作场景深度绑定，比如包装线可侧重"单位时间处理量 + 损耗率"，精密组装线则需增加工艺达标率、异常响应速度等维度。差异化设计才能体现公平性。

5　很多时候绩效指标调整后，员工反馈数据统计太复杂，甚至质疑透明度。如何让考核既科学又易于落地？

6　绩效指标要可解释，也要即时反馈。比如将"设备利用率"拆解为"计划生产时间 / 实际运行时间"，并每日同步数据看板。只要员工清楚指标与自身动作的关联，抵触情绪就会大幅降低。

AI 提问框架

通用提问公式 = 生产场景描述 + 当前指标痛点 + 指标设计需求

生产场景描述 →

对生产岗位的岗位类型、工艺类型、设备类型进行客观描述，帮助 AI 理解岗位差异。

提问要素
- **岗位类型**：如流水线工人、质检员、设备维护员。
- **工艺类型**：如离散制造、连续制造、柔性生产。
- **设备类型**：如自动化设备、半自动设备、纯手工操作。

当前指标痛点 →

明确现有指标的缺陷，需提炼为可量化的矛盾点。

提问要素
- **指标与目标错位**：如用"产量"考核导致质量失控。
- **指标缺乏过程监控**：如仅考核"设备停机时间"而忽视故障预警。
- **指标难以横向对比**：如不同班次、不同设备的考核标准不统一。

指标设计需求 →

明确指标设计需求，将需求转化为 AI 可执行的任务（如将"生产岗考核应科学"转化为"为自动化设备操作员设计 3 个反映效率与质量平衡的指标，并匹配班次考核周期"）。

提问要素
- **指标类型**：如效率指标、质量指标、成本指标、安全指标。
- **考核周期**：如班次、日、周、月。
- **关联目标**：如提升设备综合效率、降低次品率、控制能耗。

准备资料

要点	内容
岗位基础信息	岗位说明书、工艺流程图、设备操作手册等。
生产特性描述	核心工艺类型、设备自动化程度、生产节拍等。
历史数据参考	过往绩效指标数据、质量事故报告、能耗数据等。
管理者核心诉求	需重点突破的方向、生产战略目标等。

实战案例

生产场景描述

我公司为汽车零部件制造商，拥有一支 150 人生产团队，其中 50 人负责零部件组装（自动化设备占比 60%），30 人负责质量检测（抽检 + 全检结合），40 人负责设备维护（预防性维护 + 故障抢修），30 人负责仓储物流（库存管理 + 发货）。生产线采用精益生产模式，核心产品为汽车发动机缸体，生产节拍为 2 分钟 / 件，质量要求为"零缺陷"。

当前指标痛点

1. 指标与目标错位：组装岗按"产量"考核，导致设备超负荷运行，设备综合效率仅为 75%（行业标杆为 85%）。
2. 指标缺乏过程监控：质检岗仅考核"最终合格率"，未监控"首检通过率"，导致批量返工。
3. 指标难以横向对比：不同班次、不同设备的考核标准不统一，导致员工抱怨"不公平"。

指标设计需求

请你协助我

1. 为组装岗设计 3 个反映效率与质量平衡的指标，匹配班次考核周期。
2. 为质检岗设计 2 个反映过程质量的指标，匹配日考核周期。
3. 为设备维护岗设计 2 个反映设备可靠性的指标，匹配周考核周期。
4. 提供指标设计逻辑说明及数据采集建议。

注意事项

要点	内容
安全红线	生产类岗位需优先设置安全指标。
数据校准	AI 生成的指标需与设备参数、工艺标准校准。
员工参与	指标设计需与一线员工沟通，避免 AI 提供的方案脱离实际被员工抵触。
动态迭代	每季度重新评估指标有效性，淘汰过时指标。

2.6 用 AI 为采购类岗位设计绩效指标

问题情景

① 最近公司采购岗位的绩效管理让我头疼，指标设计要么太笼统（比如优化成本），要么过于主观（比如令供应商满意），考核结果和实际贡献总对不上号，该怎么破局？

② 采购岗位的核心价值在于平衡成本、质量、时效三要素，绩效指标设计必须紧扣业务链条中的关键节点。比如，成本维度不能仅看节约金额，还要结合采购周期、议价空间、供应商稳定性综合评估。

③ 但采购工作涉及大量外部变量，比如原材料价格波动、供应商临时违约，这些不可控因素会影响考核公平性，怎么处理？

④ 基础层考核执行结果（如订单交付准时率），动态层评估风险应对能力（如供应商突发替换效率），战略层则关注长期价值贡献（如供应链韧性建设）。同时，权重需根据业务阶段动态调整。

⑤ 还有一个问题，采购人员抱怨考核周期长，反馈滞后，无法及时纠正问题。

⑥ 这是传统考核的通病。未来需要建立短周期、高频次的监测机制，比如将"季度成本偏离率"拆解为"周级价格波动预警次数"，通过数据颗粒度细化实现过程管理。

AI 提问框架

通用提问公式 = 采购场景描述 + 当前指标痛点 + 指标设计需求

采购场景描述 →

具体描述采购岗位的采购场景，帮助 AI 理解岗位差异。

提问要素

- **采购品类**：如原材料、设备、服务。
- **采购模式**：如集中采购、分散采购、准时制采购。
- **供应商类型**：如战略供应商、一般供应商、潜在供应商。

当前指标痛点 →

明确现有指标的缺陷，需提炼为可量化的矛盾点，聚焦问题核心。

提问要素

- **指标与目标错位**：如用"采购成本"考核导致质量失控。
- **指标缺乏风险管控**：如仅考核"交付及时率"而忽视供应商稳定性。
- **指标难以横向对比**：如不同品类、不同供应商的考核标准不统一。

指标设计需求 →

明确指标设计需求，将需求转化为 AI 可执行的任务（如将"采购岗考核应科学"转化为"为原材料采购员设计 3 个反映成本与质量平衡的指标，并匹配季度考核周期"）。

提问要素

- **指标类型**：如成本指标、质量指标、交付指标、风险指标。
- **考核周期**：如季度、半年、年度。
- **关联目标**：如降低采购成本、优化供应商结构、提升交付及时率。

准备资料

要点	内容
岗位基础信息	采购品类清单、供应商名录、采购合同模板等。
采购特性描述	核心采购品类、采购模式、供应商地域分布等。
历史数据参考	过往绩效指标数据、供应商评价报告、质量事故记录等。
管理者核心诉求	需重点突破的方向、供应链战略目标等。

实战案例

采购场景描述 → 我公司是一家家电生产制造企业，拥有一支 20 人采购团队，其中 10 人负责原材料采购（钢材、塑料粒子，占采购额 60%），5 人负责设备采购（生产线设备、检测设备，占采购额 30%），5 人负责服务采购（物流、IT 支持，占采购额 10%）。采购模式以集中采购为主，供应商类型包括战略供应商（占比 30%）、一般供应商（占比 60%）、潜在供应商（占比 10%）。核心目标为"降低 10% 的采购成本，同时将供应商断供风险降低 50%"。

当前指标痛点 → 1.指标与目标错位：原材料采购员按"采购成本节约率"考核，导致低价供应商占比过高，来料合格率仅为 92%（行业标杆为 98%）。

2.指标缺乏风险管控：设备采购员仅考核"交付及时率"，未监控"供应商技术匹配度"，导致设备调试周期延长 30%。

3.指标难以横向对比：不同品类、不同供应商的考核标准不统一，导致采购员抱怨"干多干少一个样"。

指标设计需求 →
请你协助我

1.为原材料采购员设计 3 个反映成本与质量平衡的指标，匹配季度考核周期。

2.为设备采购员设计 2 个反映交付与技术的指标，匹配半年考核周期。

3.为服务采购员设计 2 个反映服务与成本的指标，匹配季度考核周期。

4.提供指标设计逻辑说明及数据采集建议。

注意事项

要点	内容
合规红线	采购类岗位需优先设置合规指标，避免 AI 忽略审计要求。
数据校准	AI 生成的指标需与采购合同条款、行业标准校准，避免脱离实际。
供应商参与	指标设计需与核心供应商沟通，避免因单方面考核导致合作破裂。
动态迭代	每半年重新评估指标有效性，淘汰过时指标。

2.7 用 AI 为财务类岗位设计绩效指标

问题情景

1 财务部最近总被业务部门抱怨"审批太慢""报表出错",但财务同事抱怨"流程合规要求高,风险防控不能松",问题出在哪?

2 财务类岗位很容易陷入合规与效率的平衡困境。如果指标只考核"报表及时率",员工可能会简化审核流程;如果只考核"风险事件数",又可能因过度谨慎拖慢业务。

3 但财务工作成果很多难以量化,比如风险管控、合规审核这类隐性价值,怎么设计才能客观?

4 可以拆解为过程指标和结果指标。比如风险管控,过程上可以追踪"制度更新响应速度""合规培训覆盖率",结果上可评估"审计问题重复率""违规事件下降比例",把抽象职责转化为可衡量的行为链。

5 还有一个问题,业务部门总抱怨财务"卡流程",但财务认为自己是在控制风险,这类矛盾如何通过绩效指标平衡?

6 这需要设计协同类指标,比如"业务投诉解决周期""跨部门流程优化建议数",既让财务关注效率,又推动其主动沟通。同时,加入"业务满意度评分",从用户视角倒逼服务意识。

AI 提问框架

通用提问公式 = 财务场景描述 + 当前指标痛点 + 指标设计需求

财务场景描述 ➔

对财务岗位的财务类型、业务关联性、合规要求进行客观描述，帮助 AI 理解岗位差异。

提问要素
- ·**财务类型**：如核算会计、资金管理、税务管理、财务分析。
- ·**业务关联性**：如是否涉及预算编制、成本管控、业务决策支持。
- ·**合规要求**：如是否涉及上市公司审计、税务稽查。

当前指标痛点 ➔

明确现有指标的缺陷，需提炼为可量化的矛盾点，聚焦问题核心。

提问要素
- ·**指标与目标错位**：如用"报表及时率"考核导致数据质量下降。
- ·**指标缺乏业务导向**：如仅考核"税务合规率"而忽视税务筹划价值。
- ·**指标难以横向对比**：如不同财务岗位的考核标准不统一。

指标设计需求 ➔

明确指标设计需求，将需求转化为 AI 可执行的任务（如将"财务岗考核应科学"转化为"为核算会计设计 3 个反映准确性与效率平衡的指标，并匹配月度考核周期"）。

提问要素
- ·**指标类型**：如合规指标、效率指标、价值指标、风险指标。
- ·**考核周期**：如月度、季度、年度。
- ·**关联目标**：如降低财务差错率、提升资金周转率、推动降本增效。

准备资料

要点	内容
岗位基础信息	财务岗位分工清单、财务流程手册、历史绩效指标数据等。
财务特性描述	核心财务类型、业务关联性、合规要求等。
历史数据参考	过往绩效指标数据、财务审计报告等。
管理者核心诉求	需重点突破的方向、财务战略目标等。

实战案例

财务场景描述 →

我公司是一家生产制造业上市公司，财务团队共 15 人，其中 5 人负责核算会计（占工作量的 40%），4 人负责资金管理（占工作量的 30%），3 人负责税务管理（占工作量的 20%），3 人负责财务分析（占工作量的 10%）。财务类型以核算与资金管理为主，业务关联性较强（如需支持业务部门预算编制、成本管控），合规要求严格。核心目标为"降低 30% 的财务差错率，同时提升 20% 的资金周转率。

当前指标痛点 →

1. 指标与目标错位：核算会计按"报表及时率"考核，导致凭证差错率高达 1.2%（行业标杆为 0.5%）。
2. 指标缺乏业务导向：资金管理仅考核"资金周转率"，未监控"资金安全事件数"，导致资金挪用风险上升。
3. 指标难以横向对比：不同财务岗位的考核标准不统一，导致核算会计抱怨"差错率考核不公平"，财务分析抱怨"业务决策影响度难以量化"。

指标设计需求 →

请你协助我

1. 为核算会计岗设计 3 个反映准确性与效率平衡的指标，匹配月度考核周期。
2. 为资金管理岗设计 2 个反映效率与安全的指标，匹配季度考核周期。
3. 为税务管理岗设计 2 个反映合规与价值的指标，匹配半年考核周期。
4. 为财务分析岗设计 2 个反映业务支持与决策影响的指标，匹配季度考核周期。
5. 提供指标设计逻辑说明及数据采集建议。

注意事项

要点	内容
合规红线	财务类岗位需优先设置合规指标，避免 AI 忽略监管要求。
数据校准	AI 生成的指标需与会计准则、法律法规、行业标准校准。
业务协同	指标设计需匹配业务，避免因单向考核导致业务与财务管理之间的割裂。
动态迭代	每半年重新评估指标有效性，淘汰过时指标。

2.8 用 AI 为客服类岗位设计绩效指标

问题情景

1 最近公司客服团队投诉处理效率持续下滑，但现有的绩效指标（如接听量、通话时长）无法真实反映服务质量，员工也觉得考核标准不公平，该怎么优化？

2 这说明绩效指标设计偏离了核心目标。客服的本质是解决问题，而非机械接听，需围绕"客户满意度"和"问题解决"重构指标。比如，可增加首次解决率、情绪安抚时效等维度。

3 有时候客服团队的客户投诉率飙升，但客服主管抱怨"员工每天接 200 通电话，根本没时间处理复杂问题"，问题出在哪？

4 设计客服岗的绩效要注意平衡"量"与"质"。如果指标只考核"接通率"或"工单关闭量"，员工会优先处理简单问题，导致复杂问题积压；如果只考核"满意度"，又可能因过度承诺引发后续投诉。

5 不同业务线的服务场景差异大（如售前咨询和售后投诉），统一指标反而导致考核偏差，这种情况怎么办呢？

6 可以先拆解业务场景颗粒度。比如，售前客服的核心指标是"转化率 + 需求挖掘准确度"，售后则需侧重"问题关闭率 + 负面情绪转化率"，用上 AI 工具，能快速帮你完成这类场景化建模。

AI 提问框架

通用提问公式 = 客服场景描述 + 当前指标痛点 + 指标设计需求

客服场景描述

具体描述客服岗位的业务场景，帮助 AI 理解岗位差异。

提问要素
- **服务类型**：如售前咨询、售后处理、投诉升级。
- **客户特征**：如企业端客户、个人端客户、高净值客户。
- **业务关联性**：如是否涉及销售转化、产品使用培训、复购引导。

当前指标痛点

明确现有指标的缺陷，需提炼为可量化的矛盾点，聚焦问题核心。

提问要素
- **指标与目标错位**：如用"接通率"考核导致复杂问题积压。
- **指标缺乏质量导向**：如仅考核"工单关闭量"而忽视客户满意度。
- **指标难以横向对比**：如不同客服岗位的考核标准不统一。

指标设计需求

明确指标设计需求，将需求转化为 AI 可执行的任务（如将"客服考核应科学"转化为"为售后客服设计 3 个反映问题解决率与客户满意度的指标，并匹配月度考核周期"）。

提问要素
- **指标类型**：如效率指标、质量指标、价值指标、风险指标。
- **考核周期**：如月度、季度、年度。
- **关联目标**：如降低投诉率、提升转化率、推动复购。

准备资料

要点	内容
岗位基础信息	客服岗位分工清单、服务流程手册、历史绩效指标数据等。
服务特性描述	核心服务类型、客户特征、业务关联性等。
历史数据参考	过往绩效指标数据、客户投诉案例、服务流程优化记录等。
管理者核心诉求	需重点突破的方向、服务战略目标等。

实战案例

客服场景描述

我公司是一家电商企业，拥有 20 人的客服团队，其中 8 人负责售前咨询（占工作量的 40%），6 人负责售后处理（占工作量的 30%），4 人负责投诉升级（占工作量的 20%），2 人负责大客户专属服务（占工作量的 10%）。服务类型以售前咨询与售后处理为主，客户特征为 C 端个人客户（占比 80%）与 B 端企业客户（占比 20%），业务关联性较强（如需推动销售转化、引导客户复购）。核心目标为"降低 20% 的投诉率，同时提升 15% 的客户复购率"。

当前指标痛点

1. 指标与目标错位：售前客服按"咨询转化率"考核，导致过度承诺，售后投诉率上升 15%。
2. 指标缺乏质量导向：售后客服仅考核"工单关闭量"，未监控"重复来电率"，导致问题未彻底解决。
3. 指标难以横向对比：不同客服岗位的考核标准不统一，导致售前客服抱怨"转化率考核压力大"，售后客服抱怨"问题解决率难提升"。

请你协助我

1. 为售前客服岗设计 3 个反映转化率与承诺质量的指标，匹配月度考核周期。
2. 为售后客服岗设计 3 个反映问题解决率与客户满意度的指标，匹配月度考核周期。
3. 为投诉升级岗设计 2 个反映投诉降级与客户挽回的指标，匹配半年考核周期。
4. 为大客户专属服务岗设计 2 个反映服务深度与复购的指标，匹配季度考核周期。
5. 提供指标设计逻辑说明及数据采集建议。

指标设计需求

注意事项

要点	内容
客户体验优先	客服类岗位需优先设置质量指标，避免 AI 忽略服务本质。
数据校准	AI 生成的指标需与客户投诉记录、服务流程优化案例校准。
服务分层	指标设计需与客户需求分层匹配，避免因考核导致高净值客户流失。
动态迭代	每季度重新评估指标有效性，淘汰过时指标。

2.9 用 AI 为行政类岗位设计绩效指标

问题情景

1 最近公司在推行全员绩效考核，但行政类岗位的指标设计让我头疼。比如人力资源专员、行政助理这类工作，成果很难量化，大家总觉得考评主观性太强，有什么建议吗？

2 传统的行政类岗位考核过度依赖定性描述，比如工作态度积极或沟通能力良好。基于可观测、可追踪的行为的绩效指标才有效，比如每月招聘需求响应时效、员工投诉处理及时率。

3 但如果岗位职责涉及大量临时性任务，比如领导安排的突发事务，这类指标如何兼顾灵活性和公平性？

4 可以将指标分为基础任务和动态任务两类。比如，HR 专员的基础任务可设为招聘达成率、薪酬核算准确率；动态任务可设为跨部门协作需求响应时效、临时项目交付质量评分，通过任务台账记录动态权重。

5 不同层级的行政岗位（如专员、主管）工作重心差异大，如何分层设计指标？

6 层级越高，越需侧重支持战略的力度；层级越低，越需侧重具体行动。比如 HR 主管的指标应包含人均劳动效率提升、人工成本费用率降低，而专员则聚焦面试邀约转化率、社保申报准确率。

AI 提问框架

通用提问公式 = 行政场景描述 + 当前指标痛点 + 指标设计需求

行政场景描述 →

具体描述行政岗位的工作场景，帮助 AI 理解岗位的基本情况。

提问要素
- **岗位类型**：如后勤保障、活动策划、合规管理。
- **服务对象**：如全员、新员工、管理层。
- **业务关联性**：如是否涉及员工体验提升、合规风险规避。

当前指标痛点 →

明确现有指标的缺陷，需提炼为可量化的矛盾点，聚焦问题核心。

提问要素
- **效率与价值失衡**：如过度关注"工单完成量"导致服务体验差。
- **指标与业务脱节**：如行政活动未关联业务目标。
- **隐性价值难量化**：如合规岗的"风险拦截"缺乏数据支撑。

指标设计需求 →

明确指标设计需求，将需求转化为 AI 可执行的任务（如将"行政考核应科学"转化为"为活动岗设计 3 个反映业务关联度与资源复用的指标，并匹配季度考核周期"）。

提问要素
- **指标类型**：如效率指标、质量指标、价值指标、风控指标。
- **考核周期**：如月度、季度、年度。
- **关联目标**：如提升员工满意度、降低合规风险、优化资源复用。

准备资料

要点	内容
岗位基础信息	行政岗位分工清单、历史绩效指标数据、流程优化记录等。
服务特性描述	核心职责类型、服务对象特征、业务关联性等。
历史数据参考	员工满意度调查结果、行政成本数据、活动参与率统计、合规风险事件记录等。
管理者核心诉求	需重点突破的方向、战略目标等。

实战案例

行政场景描述 ➤ 我公司是一家科技企业，行政团队有 12 人，其中 4 人负责后勤（占工作量的 35%）、3 人负责活动（占工作量的 30%）、5 人负责合规（占工作量的 35%）。服务对象覆盖全员（600 人）及新员工（年均入职 200 人），业务关联性较强（如需提升员工体验、规避合规风险、优化资源复用）。核心目标为"提升 25% 的员工满意度，同时降低 30% 的合规风险事件"。

当前指标痛点 ➤ 1. 效率与价值失衡：后勤岗仅考核"设施完好率"，未监控"员工服务满意度"，导致员工对后勤服务投诉率上升 12%。
2. 指标与业务脱节：活动岗按"活动场次"考核，未关联"业务部门评分"，导致活动资源浪费、复用率低。
3. 隐性价值难量化：合规岗仅考核"流程合规率"，未量化"风险事件拦截数"，导致管理层对合规价值感知不足。

指标设计需求 ➤ **请协助我**
1. 为后勤岗设计 3 个反映效率与价值的指标，匹配季度考核周期。
2. 为活动岗设计 3 个反映业务关联与资源复用的指标，匹配月度考核周期。
3. 为合规岗设计 2 个反映风控与赋能的指标，匹配半年考核周期。
4. 提供指标设计逻辑说明及数据采集建议。

注意事项

要点	内容
隐性价值显性化	行政类岗位需优先设置价值指标，如员工服务满意度。
数据分层校准	AI 生成的指标需与员工满意度调查、合规风险事件记录分层校准。
服务分层匹配	指标设计需与服务对象分层匹配。
动态迭代机制	每半年重新评估指标有效性，淘汰过时指标。

第

3

章

AI+绩效计划

绩效计划能够将企业战略目标转化为具体、可操作的行动计划。然而，在实际操作中，从财务预算的层层分解，到基于战略与预算的目标精准拆解，再到与员工有效沟通目标、编制实施计划、应对落地难点，每一个环节都充满挑战。

AI 为绩效计划制定提供了有力支持。它不仅能高效完成财务预算的分解，精准依据战略和预算生成目标，还能生成富有感染力的沟通话术，辅助编制实施计划，针对落地难点提供针对性策略，针对绩效意识设计培训内容。同时，AI 在绩效与薪酬关联设计、绩效承诺书编制等方面也发挥着重要作用，全方位助力管理者制定切实可行、激发员工动力的绩效计划。

3.1 用 AI 向下层层分解财务预算

问题情景

1 最近公司要求将年度财务预算拆解到各部门，但实际操作中问题很多。比如预算分配标准不统一，销售部抱怨资源不足，研发部又觉得投入产出比不透明，该怎么协调？

2 预算分解的核心是建立清晰的逻辑链路。首先要明确公司战略目标，再拆解到部门的核心绩效指标。比如，如果战略是提升市场占有率，销售部的预算应聚焦客户拓展，而研发部则需匹配更快的产品迭代速度。

3 但各部门的目标常有冲突。比如市场部需要大量推广预算，但财务部严格控制成本，这种矛盾如何解决？

4 预算分解不是一刀切，而是通过权重分配和优先级排序。比如，将预算分为刚性支出（如人员成本）和弹性支出（如市场推广），弹性部分根据季度目标灵活调整，确保资源向高价值环节倾斜。

5 预算分解后落地困难。比如年中市场环境突变，原定的研发预算可能需要紧急调整，但层层审批耗时太久。

6 这时候需要预设应急响应机制。比如在初始分解时，为各部门设置 10%~15% 的机动预算池，并明确触发条件和审批权限。同时，通过定期复盘（如月度财务分析会）同步业务变化，快速调整预算分配路径。

AI 提问框架

通用提问公式 = 战略目标 + 层级结构 + 约束条件 + 预期输出

战略目标

企业年度或季度的核心财务及业务的战略目标，是预算分解的起点。

提问要素
- **目标类型**：如营收增长、成本控制、利润率提升。
- **量化指标**：如全年营收增长 20%。
- **目标优先级**：如上半年主攻市场扩张，下半年侧重利润优化。

层级结构

预算需覆盖的组织层级及业务单元类型。

提问要素
- **组织层级**：如总公司、区域分公司、部门。
- **业务单元类型**：如销售、研发、职能。
- **历史数据参考**：如过往预算执行偏差率。

约束条件

限制预算分配的内外部客观因素。

提问要素
- **硬性限制**：如总预算额度、合规要求。
- **软性限制**：如管理层偏好、企业文化。
- **风险边界**：如现金流安全阈值。

预期输出

明确 AI 输出的结果，将抽象需求转化为 AI 可执行的指令。

提问要素
- **分解颗粒度**：如"按部门→小组→个人"三级拆分。
- **可视化需求**：如生成预算分配树状图。
- **决策支持**：如对比三种分配方案的投资回报率。

准备资料

要点	内容
财务基础数据	历史预算表、各部门成本结构、营收与利润分布表等。
业务关联信息	战略规划文件、绩效考核指标、项目优先级清单等。
组织架构图	包括部门职责、人员编制、地域分布等。
约束条件清单	如合规要求、管理层特别指示、现金流预警线等。
外部参考数据	行业平均成本占比、竞争对手投入方向等。

实战案例

战略目标 → 公司 20×× 年战略目标为"营收增长 25%，利润率维持 18%"，其中新业务线（智能硬件）需贡献 30% 的营收。现有总预算 1.2 亿元，需覆盖 8 个部门（销售、研发、生产、市场等）。

层级结构 → 预算需拆解至三级：总部→区域分公司（华北、华东、华南）→一线团队。销售部门按客户规模分为大客户销售团队和中小客户销售团队，两者成本结构差异较大（大客户销售团队人均费用率高达 30%）。

约束条件 → 1. 硬性限制：研发投入占比不得低于 20%，市场需预留 10% 的费用以应对第 4 季度促销。
2. 风险边界：现金流安全阈值为 3000 万元，预算分配不得突破。
3. 管理层要求：新业务线需优先保障资源，但失败率若超 40% 需启动止损机制。

预期输出 → **请你协助我**
· 生成预算分配方案，需包含各层级占比及浮动区间。
· 模拟三种情景下的资金使用效率（乐观 / 中性 / 悲观）。
· 提供风险预警提示（如华东区人力成本增速超过营收增速）。

注意事项

要点	内容
目标一致性校验	AI 可能忽略战略目标的隐性冲突（如短期增长与长期投入）。
数据真实性校准	若历史数据存在人为调整（如预算突击使用），需标注说明。
弹性机制设计	AI 生成的方案通常为静态模型，需手动添加季度复盘和动态调节规则。
合规性审查	AI 可能不熟悉企业特有政策（如差旅费限额），需额外设置过滤条件。
沟通话术补充	AI 提供的技术结论需转化为各部门能理解的表述。

3.2 用 AI 根据战略和预算分解目标

问题情景

1 我们公司今年定了营收增长 30% 的战略目标，但分解到各部门时出现了问题。销售部要更多客户开发资源，研发部要产品迭代预算，怎么平衡？

2 这说明战略目标没拆解到可执行层，部门目标与公司战略脱节。正确的分解需要三步：对齐战略重点、匹配资源约束、量化个人贡献。

3 我们试过按部门职能分指标，但财务部说预算超支，市场部抱怨活动被砍，最后目标全打折，怎么办呢？

4 战略目标是动态的，预算也是有限的。比如销售目标增长 30%，可能需要拆解为"老客户复购率提升 15%+新客户开发成本降低 10%"，再根据历史数据测算每个子目标需要的资源投入，最后用预算红线反推可行性。

5 如果部门负责人坚持自己的 KPI 更重要呢？

6 这时候需要目标关联性分析。比如销售目标依赖产品竞争力，研发预算就要和客户留存率挂钩。用数据证明"资源倾斜 A 部门，B 部门目标必然落空"比吵架管用。分解目标要用战略牵引资源流向最关键的杠杆点。

AI 提问框架

通用提问公式 = 战略定位 + 目标约束 + 分解需求

明确企业战略目标的核心维度。

战略定位

提问要素

- **目标类型**：如财务目标（如营收/利润）、客户目标（如复购率）、运营目标（如效率/质量）。
- **战略重点**：如短期冲刺（如抢占市场份额）或长期布局（如突破技术壁垒）。
- **关联部门**：如直接参与部门（如销售部）与支持部门（如供应链部）。

量化资源限制和风险边界。

目标约束

提问要素

- **预算上限**：如总成本、分部门预算配额。
- **人力限制**：如现有人员数量、技能缺口。
- **时间要求**：如目标达成周期（季度/年度）。

明确目标分解的颗粒度和输出形式，将抽象战略转化为 AI 可执行的行动（如将"提升客户满意度"拆解为"客服响应时间 ≤ 2 小时 + 投诉解决率 ≥ 95%"）。

分解需求

提问要素

- **分解层级**：如是否需要拆解到岗位级 KPI。
- **关联逻辑**：如部门目标如何支撑公司战略（如"销售目标 = 客户数 × 客单价 × 复购率"）。
- **输出要求**：如是否需要包含风险预案。

准备资料

要点	内容
战略文件	公司年度规划、董事会决议、高管访谈记录等。
预算表	总预算、分部门预算分配、历史成本数据等。
绩效库	过去 3 年部门/个人 KPI 达成率、目标调整记录等。
组织架构	部门职责说明书、岗位工作饱和度分析等。

实战案例

战略定位 → 我公司是一家消费电子企业，20×× 年的战略目标为"通过高端化突破，实现利润率提升 20%"，核心举措包括以下 3 点。

1. 推出定价 5000 元以上的旗舰产品（占比从 10% 提升至 30%）。
2. 优化渠道结构，减少低利润的线下分销商。
3. 提升客户净推荐值至行业 Top3。

目标约束 → **当前资源限制**

1. 总营销预算 2.8 亿元（因原材料成本上涨，同比减少 5%）。
2. 研发团队扩编至 500 人（需优先保障芯片自研项目）。
3. 时间要求：第 3 季度前完成渠道结构调整，第 4 季度完成新品上市。

分解需求 → **请你协助我**

1. 将战略目标拆解为市场部、研发部、供应链部的量化指标。
2. 设计预算分配模型：在总预算缩减 5% 的情况下，如何为旗舰产品营销分配更多资源（需考虑竞品投放强度）。
3. 输出风险对冲方案：若第 3 季度渠道调整未达预期（如经销商流失率超 15%），如何动态调整各部门目标（如研发部转产中端机型保营收）。
4. 生成目标分解看板：包含指标名称、计算公式、数据来源、责任人及完成时间节点。

注意事项

要点	内容
动态调整机制	每季度用实际数据回测分解逻辑。
人性化管理结合	避免 AI 生成的指标可能忽视员工能力差异。
战略一致性校验	AI 分解的目标需与高管团队确认，避免数据正确但方向错误。
预算敏感性测试	要求 AI 模拟"预算增减 10%"对目标达成的影响，避免资源错配。

3.3 用 AI 生成绩效目标沟通话术

问题情景

1 最近在设定年度绩效目标时，发现员工对目标的理解差异很大。比如销售团队认为"提升客户留存率"太模糊，技术团队又觉得"优化系统稳定性"无法量化，导致执行时方向混乱。该怎么解决？

2 这说明目标设定后缺乏有效的沟通话术。绩效目标沟通的核心不是下达任务，而是达成共识。如果员工对目标的理解与管理者不一致，后续考核、反馈都会失效。

3 那具体该怎么做？假如绩效目标比较高，如何让员工感受到目标是可以实现的？

4 要落到具体行动和场景中。比如，将"提升客户留存率"转化为"通过每月 1 次深度回访，将流失客户从 15% 降至 8%"，并说明公司会提供某种支持。这样既明确目标，又降低员工的心理压力。

5 有些员工对高目标抵触，直接说"做不到"，或推卸责任，说"市场环境差，不是我能控制的"，这种对抗情绪该怎么化解？

6 从目标拆解和利益绑定两个维度沟通。比如，将年度目标拆解为季度里程碑，并说明"完成季度目标可解锁额外培训资源"。同时强调可控因素，比如增加服务门类、提升服务质量。

AI 提问框架

通用提问公式 = 目标背景 + 沟通痛点 + 话术需求

具体描述绩效目标，明确目标的战略意义。

目标背景

提问要素
- **目标类型**：如销售指标、项目里程碑、能力提升。
- **关联业务**：如新产品上线、客户满意度提升。
- **涉及角色**：如技术团队、销售团队、跨部门协作。

说明目标沟通中常见的障碍，针对性设计话术。

沟通痛点

提问要素
- **员工类型**：如新员工、资深员工、高绩效员工。
- **典型反应**：如目标太高、与我无关、不配合。
- **历史案例**：如去年目标沟通后，执行率不足 50%。

明确话术需求及希望其实现的具体功能，将需求转化为 AI 可执行的任务。

话术需求

提问要素
- **话术场景**：如一对一沟通、全员会议、邮件通知。
- **核心原则**：如利益绑定、责任共担。
- **示例需求**：如提供 3 种不同场景下的开场白、模拟一次与高绩效员工的对话。

准备资料

要点	内容
目标背景信息	绩效目标的原始定义、目标与战略的关联性、目标涉及的团队或角色等。
沟通痛点记录	历史沟通中的典型问题、目标执行率数据、员工画像等。
业务场景素材	目标相关的业务流程、资源支持、风险预案等。
管理者核心诉求	话术需突出的重点、管理者个人风格等。

实战案例

目标背景

我是一家在线教育公司的 HRBP，当前需推动"课程完成率提升 15%"的绩效目标，涉及教研团队（负责课程内容优化）、运营团队（负责用户触达）、技术团队（负责学习平台稳定性）。该目标与公司"提升用户生命周期价值"战略直接挂钩。

沟通痛点

1.目标理解偏差：技术团队认为"完成率"是运营和教研的责任，拒绝配合优化平台功能。

2.抵触情绪：教研团队担心"频繁更新内容会增加工作量"，认为目标"不切实际"。

3.协作冲突：运营团队要求"每周上线新内容"，但教研团队"每月只能更新 1 次"，导致用户投诉增加。

话术需求

请你协助我

1.针对技术团队，设计一套话术，说明"平台卡顿会导致用户流失，进而影响课程完成率"，并明确"技术团队需在第 2 季度前解决 80% 的卡顿问题"。

2.针对教研团队，提供 3 种开场白，解释"内容优化与完成率的关系"，并承诺"提供 AI 辅助工具减少工作量"。

3.针对跨部门协作，生成一份会议沟通模板，明确"教研团队每月更新 2 次核心课程，运营团队分阶段推送，技术团队提供数据看板支持"。

注意事项

要点	内容
结合业务场景调整	AI 生成的话术需结合具体业务数据。
避免过度依赖模板	话术需根据员工性格微调。
预留沟通弹性	话术中需保留开放式提问，避免单向输出引发抵触。
测试与迭代	使用话术后收集员工反馈，持续优化话术库。

3.4 用 AI 编制绩效实施计划

问题情景

1 最近我们公司推行 OKR 时发现，各部门制定的目标要么过于笼统（比如"提升用户体验"），要么与业务脱节（技术部定了个不考核代码质量的指标），导致绩效实施阶段无从下手，该怎么解决？

2 可以编制绩效实施计划。它像一份目标施工图，将战略拆解为可量化的里程碑。比如"用户体验"可细化为"首屏加载速度 ≤ 1.5 秒""用户投诉率下降 20%"，再匹配责任人、时间节点和验收标准，才能避免口号式管理。

3 很多部门负责人会抱怨指标定得太细会限制灵活性，比如市场部说"客户需求变化快"，不敢定具体转化率目标，这怎么平衡？

4 战略性目标（如年度营收）必须刚性，但阶段性任务（如某季度营销活动）可设置弹性区间。比如，市场部可承诺"活动投资回报率 ≥ 1:3，若遇行业政策调整可申请动态调整"，既保证方向性，又预留调整空间。

5 如果员工抵触新计划，比如销售部认为指标过高导致压力过大，该怎么处理？

6 绩效计划不应单方面通知，要建立共识。可以这样沟通：1. 用数据说话（如展示行业平均转化率）；2. 让员工参与指标拆解（如让销售自己算出完成路径）；3. 设置阶梯奖励（超额完成部分提成翻倍）。

AI 提问框架

通用提问公式 = 背景锚点 + 目标缺口 + 方案约束

**背景
锚点**

描述组织当前绩效管理的客观背景。

提问要素
- 组织类型：如超市、餐饮、服装。
- 现有工具：如 KPI、OKR、BSC 的使用情况。
- 人员能力：如员工对绩效指标的完成度。

**目标
缺口**

明确当前绩效实施中的具体痛点，需转化为可量化的改进需求。

提问要素
- 痛点类型：如指标模糊、数据收集滞后、反馈机制缺失。
- 改进目标：如将目标完成率标准差从 30% 降至 15%。
- 时间要求：如 1 个月内完成试点。

**方案
约束**

明确 AI 输出方案的边界条件，确保 AI 生成的方案可直接落地。

提问要素
- 资源限制：如预算不超过 5 万元、不增加新系统。
- 文化适配：如需保留现有部门间打分机制、避免过度量化文化部门。
- 合规要求：如需符合相关法律法规对绩效考核流程的规定。

准备资料

要点	内容
组织基础信息	战略目标文档、现有绩效制度、历史绩效数据等。
业务场景描述	典型业务流程、关键角色职责、现有痛点场景等。
外部环境素材	行业标杆实践、法规政策、员工调研结果等。

实战案例

背景锚点

我公司为一家区域性连锁超市，现有员工 1200 人，采用 KPI 考核。目前生鲜部损耗率长期超标，但采购部与门店互相推诿责任；线上业务部因缺乏明确考核指标，导致履约时效波动大；管理层计划 3 个月内优化绩效计划，但不愿采购新系统。

目标缺口

当前核心痛点如下

· 部门间目标割裂（如采购部只考核成本，门店只考核毛利）。
· 线上业务部考核指标缺失（现有仅考核商品交易总额，未覆盖履约时效、差评率）。
· 数据收集依赖人工，准确率低。

改进目标如下

3 个月内将部门间协作纠纷率降低 50%；线上业务部履约时效达标率提升至 90%；损耗率统计误差缩小至 ±1%。

方案约束

有如下约束条件

1. 资源限制：预算不超过 2 万元，仅可优化现有 Excel 模板。
2. 文化适配：需保留现有"季度述职会"作为绩效沟通渠道。
3. 合规要求：所有考核指标需符合相关法律法规。

请你协助我生成一份 3 个月落地的绩效实施计划

1. 跨部门协作指标设计（如采购部与门店共享损耗率指标）。
2. 线上业务部考核指标拆解（如将履约时效拆解为"接单 - 分拣 - 配送"）。
3. 说明如何通过现有述职会强化绩效反馈。

注意事项

要点	内容
动态校验	AI 输出的计划需与历史数据比对。
文化适配	若组织强调团队协作，需谨慎设置零和博弈类指标。
风险预判	对 AI 建议的高风险指标需预判和模拟员工反应。
渐进迭代	先在 1 个部门试点，根据反馈调整后再推广。

3.5 用 AI 应对绩效计划落地难点

问题情景

1 我们公司推行季度绩效计划时，总遇到"执行打折扣"的问题。比如技术部承诺的代码交付周期达标率从 85% 掉到 60%，部门负责人说"这是因为需求频繁变更导致进度失控"，这种所谓的客观原因该怎么破？

2 绩效计划落地环节可能存在从目标到执行的断层。绩效计划若未配套执行机制，员工会默认"计划可随意变更"。

3 如果计划执行到一半，发现目标与战略脱节（比如公司突然转型），该怎么调整？

4 建立战略与绩效的联动机制。比如，每季度用"战略对齐度评分表"评估绩效计划，若发现脱节，可启动目标修正流程（需管理层审批并公示调整逻辑）。

5 绩效管理运行一段时间后，员工对绩效反馈特别抵触，觉得考核就是扣钱，这种情况怎么破？

6 抵触源于评价与发展的割裂。如果绩效面谈只谈结果不谈成长，员工会防御。要把反馈变成"能力提升指南"，比如用数据指出问题，再配套沟通技巧培训，让考核成为发展工具而非惩罚手段。

AI 提问框架

通用提问公式 = 背景定位 + 落地卡点 + 解决方案需求

背景定位

描述绩效计划落地的组织背景，帮助 AI 理解。

提问要素
- **组织类型**：如创造型企业、服务型企业。
- **绩效工具**：如 KPI、OKR、360 度反馈法。
- **团队规模**：如 50 人、500 人。

落地卡点

明确绩效计划执行中的具体障碍，聚焦可观测的行为或数据。

提问要素
- **目标环节**：如制定、沟通、执行、复盘。
- **参与方行为**：如管理者反馈频率、员工执行目标的行为。
- **结果指标**：如目标达成率、员工满意度。

解决方案需求

要求 AI 提供可操作的改进建议，将分析转化为具体行动，避免"理论正确但无法落地"的困境。

提问要素
- **工具类型**：如模板、话术、检查清单。
- **实施步骤**：如先培训管理者，再调整目标卡。
- **预期效果**：如提升目标沟通效率 30%。

准备资料

要点	内容
绩效管理现状	现有考核制度文本、近 3 次绩效复盘报告、员工满意度调查数据等。
业务关联数据	公司战略地图、部门年度目标、历史目标达成率等。
团队行为观察	管理者绩效辅导记录、员工面谈反馈、跨部门协作案例等。
文化适配性	组织价值观、过往变革成功 / 失败经验、员工学习偏好等。

实战案例

背景定位 ➤ 我是一家生产制造型企业的人力资源负责人，公司经营方向正从生产驱动转向市场驱动，今年引入 OKR 但推行受阻。团队规模 500 人，一线员工占 70%，管理层习惯用 KPI 考核产量，现需通过绩效改革激发创新。

落地卡点 ➤ **在绩效计划落地环节，存在如下卡点问题**
1. 目标脱节：销售部 OKR 聚焦"新客户开发"，但生产部仍以"降低次品率"为 KPI，导致新品试制资源不足。
2. 反馈失效：月度绩效面谈流于形式，85% 员工反馈"不知道如何改进"。
3. 文化冲突：老员工认为"谈目标就是画大饼"，抵触情绪导致 OKR 填写率不足 40%。

解决方案需求 ➤ **请你协助我**
1. 设计跨部门协同机制：基于公司战略"提升高附加值产品占比"，生成"生产 – 销售 – 研发"的 OKR 联动模板。
2. 开发绩效反馈工具：提供"问题 – 建议 – 资源"沟通模板，帮助管理者将"次品率高"转化为"质量改进培训需求"。
3. 制定文化融入方案：结合制造业特点，设计"目标达成英雄榜""微创新提案奖励"等激励措施，降低变革阻力。

注意事项

要点	内容
避免全靠流程	AI 可优化流程，但无法替代管理者对员工发展的关注。
警惕数据陷阱	绩效指标需结合定性反馈，避免过度依赖量化结果。
预留试错空间	建议先选 1 个部门试点，验证 AI 建议与组织文化的适配性。
定期校准目标	每季度用 AI 分析目标达成偏差，动态调整考核权重。

3.6 用 AI 设计绩效意识培训内容

问题情景

1 最近公司推行新绩效考核制度，但员工普遍反馈"指标看不懂""目标和自己无关"，甚至有人私下抱怨"绩效就是扣钱工具"。该怎么扭转这种局面？

2 这说明绩效管理缺乏底层共识。员工对"绩效是什么""为什么要考核""达成目标对个人的价值"缺乏认知，容易产生抵触情绪。需要设计一套绩效意识培训体系，从认知层面统一语言。

3 我们也做过几次培训，但内容都是照搬制度文件，员工还是理解不深。怎样培训才能真正触动员工？

4 传统培训失败的核心问题是"单向灌输"。有效的培训需要结合场景化案例，比如拆解不同岗位如何通过绩效提升个人竞争力，或展示绩效结果与晋升、调薪的实际关联路径。

5 但不同群体关注的重点差异很大，比如销售岗关注业绩提成，研发岗在意技术成长，如何兼顾针对性？

6 需要分层设计内容。例如针对管理层，侧重绩效目标分解与反馈技巧；针对员工，聚焦个人目标与公司战略的关联逻辑。最后通过互动测试验证理解程度，确保认知对齐。

AI 提问框架

公式结构 = 培训场景定位 + 核心问题拆解 + 内容生成需求

培训场景定位

明确培训场景细节，为 AI 提供设计边界。

提问要素
- 对象画像：如新员工、管理层、销售岗。
- 业务阶段：如战略转型期、业务扩张期。
- 组织特质：如结果导向型、创新试错型。

核心问题拆解

将绩效意识薄弱的表现转化为可干预的具体问题，帮助 AI 识别需优先解决的关键矛盾。

提问要素
- 认知缺口：如员工认为考核不透明、管理者缺乏反馈技巧。
- 行为证据：如 90% 的员工未主动查看绩效系统、跨部门目标冲突率上升 30%。
- 冲突场景：如项目制团队对固定考核周期不满。

内容生成需求

指定输出形式及内容框架，确保方案可落地。

提问要素
- 形式要求：如互动案例、视频脚本、测验题库。
- 内容模块：生成如"绩效价值认知 – 目标拆解方法 – 反馈沟通技巧"方案。
- 适配性限制：如单次培训时长 ≤ 1 小时，需兼容线下、线上混合模式。

准备资料

要点	内容
绩效现状数据	近半年考核结果分布、员工调研中关于绩效的负面反馈高频词等。
岗位特性描述	不同岗位序列的核心考核指标及典型工作场景等。
历史培训资料	过往课件、参与度数据、效果评估报告等。
组织战略文档	年度目标、价值观宣言、管理层对绩效管理的核心诉求等。
标杆案例参考	同行业绩效意识培养的优秀实践等。

实战案例

培训场景定位

我是一家互联网公司的 HRBP，负责为中台技术团队（含算法工程师、产品经理、项目经理三类岗位，共 80 人）设计绩效意识培训。公司正处于业务转型期，从单一产品线型转向平台化战略型，但现有考核仍沿用旧 KPI 体系（如代码交付量、需求响应速度），导致员工对新战略目标（如生态协同、跨部门资源整合）缺乏认同感。

核心问题拆解

1. 认知偏差：70% 的员工认为"平台化目标太虚，不知道个人该如何贡献"。
2. 行为抵触：算法团队拒绝参加跨部门复盘会，认为"耽误研发进度"。
3. 工具缺失：管理者沿用"任务完成度"单一维度打分，未体现创新、协作等新考核项。

内容生成需求

请你协助我完成以下任务
1. 设计分层培训内容：针对员工侧重点"如何将平台化目标拆解为个人可执行动作"，针对管理者侧重点"如何评估非量化绩效"。
2. 提供 3 个沉浸式案例：模拟战略落地中的典型冲突场景（如资源争夺），并给出选择式决策路径。
3. 生成一套测评工具：包含 10 道情境判断题（用于培训后测试认知水平），需区分技术岗与管理岗版本。

注意事项

要点	内容
数据准确性	AI 生成的案例需对照企业真实业务流。
文化适配性	技术团队反感口号式培训，需确保内容包含逻辑推导。
迭代机制	试讲后收集整理员工培训意见，后续根据反馈做出相应修改。

3.7 用 AI 做绩效与薪酬关联设计

问题情景

1 公司推行绩效考核后，员工对薪酬分配的公平性质疑声很大。明明绩效得分相差不大，但薪酬调整幅度差异明显，团队士气都受影响了。

2 这说明绩效与薪酬的关联逻辑不够透明。传统方法依赖人工经验制定规则，容易忽略数据间的动态关系。如果能建立一套基于客观指标的关联模型，让员工清楚"绩效如何影响薪酬"，信任度会大幅提升。

3 我们的绩效指标侧重长期项目成果，但薪酬结构偏固定工资，导致高绩效员工实际激励不足。

4 这是典型的激励错位。绩效与薪酬的关联设计需要匹配业务目标，比如销售团队应强化浮动薪酬权重，研发团队可增加项目奖金比例。但传统方法很难快速响应这类差异化需求。

5 年终调薪时，领导总要求"既要控制成本又要留住核心人才"，但平衡这两者就像走钢丝，太难了。

6 根源在于缺乏动态关联机制。比如，通过分析历史数据设定绩效阈值，AI 可以模拟不同薪酬方案的预期影响，并识别高绩效员工的离职风险，帮助决策者精准分配资源。

AI 提问框架

通用提问公式 = 情境定位 + 核心矛盾 + 设计需求

描述组织当前绩效与薪酬管理的基础条件，为 AI 提供分析基准。

情境定位 →

提问要素
- 组织特征：如 500 人研发型科技企业、连锁零售门店。
- 现有规则：如 "绩效分五档，薪酬调整幅度 3%~8%"。
- 历史问题：如过去三年技术岗离职率年均 15%。

明确当前绩效与薪酬关联中亟待解决的具体冲突，需转化为可量化的矛盾点。

核心矛盾 →

提问要素
- 矛盾类型：如考核主观性强导致评分争议、薪酬带宽不足抑制晋升积极性。
- 影响范围：如导致季度人力成本超支 12%。
- 关联证据：如员工满意度调查显示 65% 质疑公平性。

明确希望 AI 输出的具体需求，指向可落地的方案。

设计需求 →

提问要素
- 模型类型：如基于岗位价值的宽带薪酬模型、OKR 与提成动态挂钩机制。
- 约束条件：如总薪酬包增长不超过 8%、确保 70 分位值市场竞争力。
- 输出要求：如提供 3 套差异化方案并对比优劣、模拟不同方案对离职率的影响。

准备资料

要点	内容
绩效数据	近 2 年员工绩效得分分布表、评估维度权重表等。
薪酬结构	各岗位薪酬构成比例、历史调薪记录、奖金发放规则等。
员工反馈	薪酬满意度调研结果、离职员工访谈中提及的激励因素等。
行业基准	同岗位市场薪酬分位值、竞争对手的绩效薪酬联动机制等。
战略目标	企业未来 1~3 年的成本控制要求、关键人才保留名单等。

实战案例

情境定位

我是一家智能制造企业的 HR 负责人，公司现有 800 名员工，其中研发人员占比 40%。现行绩效制度为"强制分布 + 固定调薪"，薪酬调整幅度与职级挂钩（P5~P8 职级对应 5%~12% 涨幅）。但近两年技术骨干流失率达 22%，远高于行业均值 15%，且校招生培养周期长达 18 个月。

核心矛盾

1. 激励错配：高绩效员工（连续两年 A 级）因职级瓶颈无法获得更高涨幅，而低绩效员工通过熬资历也能晋升。
2. 成本失控：为留住核心人才，部门经理自增加项目奖金，导致年度人力成本超支 18%。
3. 长期价值缺失：现行制度仅关注短期目标，无人愿意投入预研岗位的长周期项目。

设计需求

请你协助我设计以下内容
1. 动态关联模型：基于岗位价值、绩效结果和市场数据，建立"职级 + 能力 + 贡献"三维薪酬调整规则。
2. 成本控制方案：在总薪酬增长不超过 10% 的前提下，优化奖金分配机制，确保核心人才保留率提升至 85%。
3. 长期激励试点：针对预研岗位设计"里程碑奖金 + 专利分红"组合激励，并模拟对 3 年留存率的影响。

注意事项

要点	内容
数据校验	AI 生成的薪酬带宽需与历史调薪记录、离职成本等实际数据交叉验证。
合规性审查	所有方案需核对相关法律法规及公司章程等限制。
沟通策略	AI 方案需转化为管理者能理解的语言。
动态校准	每季度用新数据重新训练模型，关注市场薪酬趋势。
文化适配	避免过度依赖算法，需考虑组织文化。

3.8 用 AI 设计绩效承诺书

问题情景

1 最近公司推进 OKR 管理，但发现员工对目标的理解和执行差异很大，有些部门甚至直接照搬去年的指标，导致考核流于形式，怎么办？

2 这背后是目标共识的缺失。可以试试签署绩效承诺书，其核心作用在于将抽象目标转化为可量化的双方契约，明确"做什么""做到什么程度""如何验证"，从而减少执行偏差。

3 但员工总抱怨目标太高，管理者又担心目标过低，双方很难达成一致。绩效承诺书能解决这种博弈问题吗？

4 当然可以。签署绩效承诺书的过程，双方需共同拆解目标（如将"提升客户满意度"细化为"季度投诉率下降 15%""复购率提升 10%"），并约定达成路径。这种透明化过程能减少对抗，增强信任。

5 如果员工中途离职或市场环境变化，承诺书还能发挥作用吗？

6 绩效承诺书中需包含调整机制，比如约定"每季度末可协商修订 1 次目标"或"因不可抗力导致目标失效时，双方需共同制定替代方案"。这种灵活性既能约束行为，又能适应变化。

AI 提问框架

通用提问公式 = 场景定位 + 内容需求 + 约束条件

明确绩效承诺书的场景应用细节。

场景定位

提问要素
- **场景类型**：如新员工试用期、季度考核、项目制协作。
- **涉及角色**：如管理者与员工、部门与部门。
- **核心痛点**：如目标拆解不清晰、考核标准模糊。

描述承诺书需包含的具体模块及内容要求，确保承诺书具备可操作性。

内容需求

提问要素
- **结构框架**：如分为目标层、行为层、结果层。
- **量化指标**：如需包含 3 项 KPI 指标和 2 项行为指标。
- **风险控制**：如需约定目标调整的条件。

设定设计规则或限制条件，确保承诺书符合组织实际需求。

约束条件

提问要素
- **格式要求**：如不超过 2 页 A4 纸、使用表格形式。
- **法律合规**：如需符合相关法律法规的规定。
- **文化适配**：如避免使用过于强硬的措辞。

准备资料

要点	内容
业务需求	当前重点战略、跨部门协作痛点等。
组织基础信息	公司绩效管理制度、目标岗位的职责说明书等。
历史数据	过去 3 个季度的绩效考核结果、目标拆解失败的典型案例等。
员工反馈	员工对现有考核方式的意见、管理者对目标设定的困难等。

实战案例

场景定位

我是一家电商公司的 HRBP，负责优化销售团队的绩效管理流程。当前团队存在两大问题：一是管理者与员工对目标的理解不一致，导致执行偏差；二是考核标准模糊，员工对结果争议较大。现需设计一份绩效承诺书，用于季度考核场景，覆盖销售岗与运营岗，目标是通过明确双方责任，减少目标争议。

内容需求

请你协助我生成《绩效承诺书》，需包含以下模块

1. 目标层：3 项核心 KPI 指标及权重。
2. 行为层：2 项协作行为指标。
3. 奖惩机制：明确未达标时的绩效扣分规则及超额完成时的奖励方案。
4. 需约定动态调整机制：每季度末可协商修订 1 次目标；因市场环境变化导致目标失效时，双方需在 5 个工作日内制定替代方案。

约束条件

绩效承诺书的约束条件如下

1. 格式要求：使用表格形式，总字数不超过 1500 字；关键条款需用加粗字体标注。
2. 合规要求：需符合相关法律法规，不得包含歧视性条款。
3. 文化适配：语言需简洁易懂，避免专业术语；奖惩措施需兼顾激励性与可接受性（如扣分不超过当月绩效分的 20%）。

注意事项

要点	内容
法律合规	承诺书中的奖惩条款需与所签署的《劳动合同》一致，避免"扣发全部奖金"等违规表述。
目标合理	需通过历史数据验证目标可行性，避免设置"100% 完成率"等绝对化目标，预留 5%~10% 的浮动空间。
员工参与	《绩效承诺书》需经员工签字确认后生效，并留存纸质或电子档案。签订《绩效承诺书》前要与员工充分沟通，避免不考虑员工意见强行签订。

第

4

章

AI + 绩效辅导

绩效辅导是帮助员工提升绩效、实现个人与组织共同成长的重要环节。但在实际工作中，管理者往往难以精准识别需要辅导的对象，也缺乏多样化的辅导方式与技巧。

AI 为绩效辅导带来了全新的可能。它能够通过数据分析精准定位需要辅导的员工，根据员工特点与需求设计个性化的辅导方式，无论是书面报告式、一对一面谈式还是会议式绩效辅导，AI 都能提供专业的辅助建议。

此外，AI 还能模拟练习绩效辅导技巧，生成详细的绩效辅导报告，并帮助管理者找到过程监控的关键点，使绩效辅导更具针对性、有效性和系统性，助力员工绩效持续提升。

4.1 用 AI 寻找需要绩效辅导的对象

问题情景

1 最近季度考核结果出来了，但有的管理者说"不知道该辅导谁"。有些员工明明绩效垫底，管理者却觉得"他平时挺努力"，结果问题越积越多，怎么办？

2 需要帮助管理者学会识别绩效辅导对象。很多管理者会混淆态度和能力，导致真正需要帮助的员工被忽视。AI 可以帮管理者精准识别辅导对象，避免资源浪费，提升团队整体效能。

3 但有些员工绩效波动很大，比如这个季度达标，下个季度又下滑，怎么判断是否需要辅导？

4 要看持续性和影响面。比如，若某员工连续两个季度在关键任务完成率上低于团队均值，或其失误导致跨部门协作受阻，这类对象必须优先介入。而偶发性的波动可通过日常反馈解决，无需占用辅导资源。

5 如果管理者对 AI 给出的绩效辅导名单有异议，比如认为"某员工只是运气不好"，该怎么处理？

6 结合数据与行为双维度验证。比如，AI 能同步输出员工的目标达成率、任务延期次数、客户投诉记录等数据，再结合管理者对员工工作态度、学习意愿等主观评价，综合判断是否需要辅导。

AI 提问框架

通用提问公式 = 业务背景 + 数据需求 + 筛选规则

业务背景 →

描述组织当前的具体业务背景，帮助 AI 增进理解。

提问要素
- **目标人群：**如新员工、项目负责人、连续两季度未达标者。
- **管理周期：**如季度考核后、项目关键节点前。
- **资源限制：**如每次辅导不超过 5 人、单次辅导不超过 2 小时。

数据需求 →

明确用于筛选辅导对象的数据、数据类型及分析维度。

提问要素
- **绩效数据：**如目标达成率、任务延期次数。
- **行为数据：**如跨部门协作评分、客户投诉记录。
- **潜力数据：**如提交报告次数、会议缺席次数。

筛选规则 →

设定具体的筛选标准及优先级，将抽象需求转化为 AI 可执行的筛选逻辑。

提问要素
- **量化指标：**如目标达成率低于 70%、任务延期超过 3 次。
- **行为标签：**如多次拒绝跨部门协作、客户投诉中涉及态度问题。
- **优先级排序：**如高潜员工优先、影响团队关键任务者优先。

准备资料

要点	内容
绩效数据	目标达成率、任务延期次数、客户投诉记录等量化指标等。
行为数据	360 度反馈法结果、跨部门协作记录等。
潜力评估	员工能力测评报告、职业发展规划等。
管理规则	现有绩效管理制度、辅导资源限制等

实战案例

业务背景

我是一家互联网公司的 HRBP，负责优化销售团队的绩效管理流程。当前团队规模为 50 人，分为 5 个小组，主要考核指标为商品交易总额、转化率和客户满意度。近期发现，团队整体业绩达标率仅为 65%，且连续两个季度有 10% 的员工绩效排名后 20%。

请你协助我筛选出本季度最需要绩效辅导的 5 名员工，目标是通过精准辅导，将团队整体达标率提升至 75%。

数据需求

需包含以下数据（需向提供相关数据）

1. 近 3 个月绩效考核数据（商品交易总额、转化率和客户满意度）。

2. 360 度反馈法结果（团队协作评分、客户投诉记录）。

3. 行为日志（如未按时提交周报次数、跨部门会议缺席次数）。

筛选规则

筛选规则如下

1. 量化指标。

- 连续两季度绩效排名后 20%。
- 商品交易总额达成率低于团队均值 30%。
- 客户投诉中涉及态度问题超过 2 次。

2. 行为标签。

- 拒绝跨部门协作任务超过 1 次。
- 未按时提交周报超过 3 次。

3. 优先级排序。

- 高潜员工（如"入职 1 年内且绩效波动大"）优先。
- 影响团队关键任务者（如"负责大客户维护但转化率低于 50%"）优先。

注意事项

要点	内容
数据准确性	需交叉验证 AI 筛选结果与原始数据。
管理者参与	需将 AI 输出结果与管理者沟通，结合主观评价，允许管理者提出异议。
动态调整	辅导名单需每季度更新，已辅导员工若绩效持续改善，可移出名单。
隐私保护	涉及员工敏感信息须脱敏处理，仅向必要人员提供选结果。

4.2 用 AI 设计适合的绩效辅导方式

问题情景

1 最近我们公司推行绩效辅导制度后，管理者实施的效果参差不齐。有的员工觉得绩效辅导像走过场，有的员工则反馈管理者采用的方法不对路，这类问题该怎么解决？

2 可能是缺乏个性化辅导方式。如果直接套用模板（如每月一次面谈），忽略员工的能力短板、性格差异或岗位特性，则可能起不到预期效果。好的辅导方式应因人制宜，才能激发员工改变的动力。

3 但管理者总说"不知道该如何了解和定义每个员工的特点"，怎么办？

4 可以通过关键维度拆解来简化流程。比如，先按岗位类型（如销售岗、技术岗）划分辅导重点，再结合员工绩效数据（如连续 3 个月未达标）、行为特征（如沟通回避、抗拒反馈）匹配具体方法。

5 如果员工对绩效辅导方式抵触，比如有的员工认为"绩效面谈就是在浪费时间"，该怎么纠正？

6 这很可能是绩效辅导的方式与员工特性不匹配。比如，对内向型员工可提供"书面反馈 + 阶段性复盘"模式，对高潜员工可增加"导师制 + 项目制任务"。同时，需在辅导前与员工明确目标，减少抵触感。

AI 提问框架

通用提问公式 = 员工画像 + 辅导目标 + 资源约束 + 方法库

员工画像

描述辅导对象的基本情况和关键信息，帮助 AI 理解员工特点。

提问要素
- 岗位类型：如销售岗、技术岗、客服岗。
- 能力短板：如沟通技巧不足、目标拆解能力弱。
- 行为特征：如抗拒反馈、学习意愿强但缺乏方法。

辅导目标

明确辅导需达成的具体成果，确保 AI 输出的方法与目标强相关。

提问要素
- 量化指标：如客户投诉率降低 50%、项目交付周期缩短 20%。
- 时间节点：如季度末、半年度。
- 优先级排序：如优先解决业务短板、兼顾长期能力提升。

资源约束

说明可用于辅导的时间、人力、预算等条件，确保建议可落地。

提问要素
- 时间投入：如每次辅导不超 1 小时、每月总时长不超 4 小时。
- 人力支持：如需管理者参与、可协调外部导师。
- 预算限制：如无额外预算、可申请 5000 元培训基金。

方法库

提供可选的辅导方法类型，供 AI 组合输出。

提问要素
- 常用方法：如 OKR 复盘会、360 度反馈法、影子计划。
- 创新方法：如 AI 模拟演练、跨部门轮岗。
- 适配场景：如新员工融入、高潜员工培养。

准备资料

要点	内容
员工基础数据	岗位说明书、绩效考核记录、360 度反馈法报告等。
辅导资源清单	管理者时间表、外部导师资源表、培训预算表等。
过往案例库	成功辅导案例、失败辅导案例等。
组织文化偏好	员工偏好的辅导方式、管理者偏好的沟通方式等。

实战案例

员工画像 → 我负责一家互联网公司的技术团队，现需为"后端开发工程师小王"设计辅导方案。小王工作 3 年，代码质量达标但效率偏低（近 3 个月任务延期率 30%），且沟通能力较弱（跨部门协作评分仅 60 分）。性格内向，抗拒当面反馈，但自学能力强，曾通过线上课程掌握新技术。

辅导目标 →
1. 短期目标（3 个月）：任务延期率降低至 10% 以内。
2. 长期目标（6 个月）：跨部门协作评分提升至 80 分以上。
3. 优先级：优先解决业务效率问题，兼顾沟通能力提升。

资源约束 →
1. 时间投入：每月可安排 2 次辅导，每次不超过 1 小时。
2. 人力支持：可协调 1 名资深工程师作为导师，但无法长期脱产。
3. 预算限制：可申请 3000 元用于购买线上课程或工具。

方法库 →
可供选择的方法如下
1. 常用方法：技术文档撰写指导、跨部门协作模拟演练。
2. 创新方法：AI 代码优化工具试用、敏捷开发流程培训。
3. 适配场景：需避免当面批评，优先采用"书面反馈 + 阶段性复盘"模式。
请你根据小王的画像、辅导目标、资源约束和方法库，协助我设计一套分阶段辅导方案，需包含具体方法、时间安排及预期效果。

注意事项

要点	内容
员工参与度	辅导方案需提前与员工沟通，确认其接受度。
动态调整	每月复盘辅导效果，根据员工反馈调整方法。若目标未达成，需分析是方法问题，还是执行问题。
管理者能力	需确保管理者掌握辅导技巧，避免将责任完全推给 AI。
隐私保护	涉及员工能力短板的数据须脱敏处理，仅向必要人员开放相关信息。

4.3 用 AI 辅助书面报告式绩效辅导

问题情景

1 我们公司员工常年出差在外，管理者和员工见面沟通次数很少，这种情况可不可以采取书面报告式的绩效辅导形式呢？

2 当然可以。书面报告式绩效辅导可以通过结构化记录（如目标进展、能力短板、改进计划），能让员工清晰看到自身成长路径，管理者也能通过数据沉淀追溯辅导效果。

3 可管理者的能力参差不齐，有的管理者写报告像流水账，抓不住重点，达不到绩效辅导的效果，怎么办？

4 报告应结构化，比如用"背景→任务→行为→结果"的逻辑描述员工关键行为，既能规范内容，又能避免主观臆断。用 AI 实施书面报告式绩效辅导可以有效缓解这种问题。

5 那如果员工抵触书面记录，有人觉得像被监控，有人觉得书面报告写起来太麻烦，这种情况怎么办？

6 可以双向反馈，让员工先自评，管理者再补充意见，最后共同制定改进计划。书面记录的目的是透明化成长，而非监控，可以在绩效意识培训中明确这一点。另外，有了 AI，绩效辅导报告的写作效率能提高不少。

AI 提问框架

通用提问公式 = 业务背景 + 核心痛点 + 输出要求

业务背景

描述绩效辅导的具体背景，明确绩效辅导书面报告的应用对象。

提问要素

- **团队特征：** 如 50 人销售团队，分散在 3 个城市。
- **考核周期：** 如"季度考核 + 月度辅导"。
- **历史问题：** 如过往辅导记录散落在邮件中，无法追踪。

核心痛点

提炼书面报告式绩效辅导中的具体问题，聚焦 AI 的解决方案方向。

提问要素

- **痛点类型：** 如管理者不会写报告、员工不重视反馈。
- **现有资源：** 如公司已有绩效管理系统，但缺少报告模板。
- **限制条件：** 如需在 1 小时内完成单份报告。

输出要求

明确 AI 需输出的内容，将需求转化为 AI 可执行的任务。

提问要素

- **模板结构：** 如包含目标回顾、能力评估、改进计划三部分。
- **示例文本：** 如请提供一份针对新员工的月度辅导报告示例。
- **应用建议：** 如如何通过报告中的数据筛选高潜力员工。

准备资料

要点	内容
团队基础信息	岗位说明书、胜任能力模型、历史绩效考核数据等。
业务背景描述	考核流程资料、现有绩效管理工具数据等。
内外部资料	行业报告、对标企业资料、员工调研数据等。
管理者核心诉求	目标优先级、特殊要求等。

实战案例

业务背景

我是一家连锁餐饮企业的人力资源总监，公司有 50 名门店店长，采用"季度考核 + 月度书面绩效辅导"的方式实施绩效管理。目前历史报告散落在邮件中，无法关联员工成长轨迹。

核心痛点

当前的核心痛点如下

1. 报告不规范：80% 的辅导报告未包含"行为案例"和"改进计划"。

2. 报告缺乏统一性：依赖 Excel 记录考核结果，但缺乏统一模板，导致管理者在书写书面绩效辅导的内容时较为随意（如有人只写"表现良好"，无具体内容）。

3. 员工抵触：60% 的员工反馈"辅导后不知道如何改进"。

输出要求

请你协助我

1. 设计一份月度书面辅导报告模板，需包含以下模块。
   - 目标回顾（目标达成率 + 关键事件）。
   - 能力评估（领导力、执行力、服务意识的雷达图）。
   - 改进计划（管理者与员工共同填写，明确责任人与时间节点）。
2. 提供一份示例报告（以"某店长月度销售未达标"为例）。
3. 给出 3 条建议，说明如何通过报告数据筛选高潜力店长。

注意事项

要点	内容
模板适配	AI 生成的书面绩效辅导模板需结合公司文化调整。
数据隐私	假如向 AI 提供员工负面反馈，须匿名化处理（数据脱敏）。
管理者培训	需培训管理者如何使用书面绩效辅导模板。
动态迭代	每季度收集员工反馈，优化书面绩效辅导的模板结构。
结果应用	为保障实施，书面绩效辅导报告需与晋升、调薪等挂钩。

4.4 用 AI 辅助一对一面谈式绩效辅导

问题情景

1 我们公司实施一对一绩效面谈式绩效辅导时，效果不太理想。员工觉得面谈走过场，管理者也抱怨不知道该聊什么，问题出在哪儿？

2 问题可能出在绩效面谈缺乏结构化设计。一对一面谈式绩效辅导的核心是针对性反馈和双向沟通，但如果过于随意（聊家常），或过于僵化（照着表格念），会导致员工感受不到价值。

3 我们团队成员背景差异很大，有技术岗也有销售岗，怎么设计通用的一对一面谈式绩效辅导内容框架？

4 可以按三段式结构：目标对齐（回顾业绩目标）→能力诊断（分析行为案例）→成长规划（制定改进计划）。比如对技术岗可重点聊代码质量、协作效率，对销售岗则关注客户转化率、异议处理能力。

5 如果员工在一对一面谈式绩效辅导中情绪激动，比如抱怨资源不足，管理者该怎么应对？

6 可以先倾听（你提到资源不足，具体指哪些方面），再澄清（如果资源到位，你认为业绩能提升多少），最后引导（我们可以一起制定资源应用计划）。AI 工具可以辅助生成话术模板，但管理者需灵活应用。

AI 提问框架

通用提问公式 = 情境定位 + 辅导痛点 + 需求目标

情境定位

具体描述辅导情境，为 AI 提供分析基准。

提问要素
- 员工画像：如司龄、职级、能力短板。
- 业务背景：如季度末冲刺期、新项目磨合期、
- 资源限制：如可调配培训预算、上级支持力度。

辅导痛点

明确员工在绩效达成中的具体障碍，将模糊问题转化为可干预点。

提问要素
- 行为描述：如跨部门协作时回避冲突。
- 影响结果：如导致项目延期 3 次。
- 主观反馈：如员工自评"缺乏自信"。

需求目标

明确希望 AI 提供的支持类型，将需求转化为 AI 可理解执行的任务（如将"提升员工主动性"转化为"设计 1 个激发内在动机的面谈问题"）。

提问要素
- 工具类型：如生成面谈话术、设计 3 阶段能力提升计划。
- 输出形式：如分步骤沟通指南、配套资源清单。
- 评估标准：如方案需包含 1 个即时可用的行动项。

准备资料

要点	内容
员工档案	历史绩效数据、360 度反馈法报告、过往面谈记录等。
岗位信息	能力模型、关键职责、当前业务目标等。
沟通偏好	员工自评中的自我认知、上级观察等。
资源库	可调用的培训课程、导师名单、内部知识平台链接等。

实战案例

情境定位

我是某科技公司销售团队主管，现在要一对一绩效面谈辅导一名入职 1 年的客户经理小王。他客户拜访量达标，但成单率低于团队平均 20%。当前处于第 4 季度冲刺期，团队需要完成新增 500 万元的业绩目标。

辅导痛点

1. 小王在需求挖掘环节表现薄弱，常被客户"再考虑"搪塞。
2. 他反馈"不知道如何深入提问"，但拒绝参加沟通技巧培训。
3. 我观察到他面对资深客户时容易退让，未充分展示产品差异化优势。

需求目标

请你协助我

1. 分析小王近期 3 次失败面谈的录音转写（提供相关资料），提炼 2 个核心沟通障碍。
2. 生成 1 套面谈话术模板（需包含 5 个场景化问题及应对话术）。
3. 设计 1 个"15 分钟微辅导"计划，含 1 个即时可用的技巧练习，如"用电梯演讲法总结产品优势"。

注意事项

要点	内容
数据隐私	上传面谈记录前须匿名处理员工姓名、客户信息等敏感内容。
效果验证	AI 方案需通过"试运行 - 反馈 - 优化"循环迭代，首次使用建议选择 1~2 名员工试点。
留下空间	可以要求 AI 生成谈话框架，保留管理者个性化调整空间。
人文衔接	AI 可以提供话术框架，但管理者需补充情感沟通（如"我注意到你这周主动加班，这点很值得肯定"）。

4.5 用 AI 辅助会议式绩效辅导

问题情景

1 我们最近尝试推行季度绩效辅导会议，但实施效果不佳。有的团队反馈会议变成了抱怨大会，有的会议则成了领导单方面批评会议，问题出在哪儿呢？

2 核心问题在于缺乏结构化设计。会议式绩效辅导的本质是集体反思与目标对齐，但如果放任自由（导致情绪化讨论）或过度管控（变成批评大会），最终很可能就偏离了改进绩效的目标。

3 我们团队成员的背景差异很大，岗位各不相同，怎么设计通用的会议流程？

4 可以设计：共性议题（如公司战略、团队目标）+ 分组议题（按岗位或项目拆分）。比如，开场先统一讨论"本季度团队目标达成率"，再按照岗位分组讨论。

5 会议有时候难以管控，如果会议中有人提出尖锐的问题，比如"资源分配不公平"，管理者该怎么应对？

6 可以先肯定（你提到资源分配问题，这确实是团队痛点），再聚焦（如果资源增加 20%，你计划优先投入哪些环节），最后承诺（我们会在会后 3 天内给出资源分配的初步方案）。

AI 提问框架

通用提问公式 = 情境锚定 + 具体痛点 + 任务导向

情境锚定

描述绩效会议的背景信息，帮助 AI 理解会议情景。

提问要素
- **会议频率：**如月度一对一辅导、季度团队复盘。
- **成员特征：**如 "90 后" 为主、跨地域分布。
- **历史痛点：**如过往会议平均参与度不足 30%。

具体痛点

将模糊的会议问题转化为可量化的矛盾点，聚焦 AI 分析方向。

提问要素
- **行为描述：**如主管打断员工发言次数达 60%。
- **数据对比：**如会议决议执行率仅 12%。
- **关联影响：**如因会议低效导致季度目标延迟 2 周。

任务导向

明确要求 AI 提供的解决方案，将问题转化为 AI 可执行的任务。

提问要素
- **工具需求：**如生成会议议程模板、设计员工反馈话术库。
- **决策支持：**如模拟 3 种会议流程的耗时对比。
- **落地要求：**如提供可复制的会议记录模板。

准备资料

要点	内容
会议基础信息	过往会议记录、员工满意度调研数据等。
绩效数据	目标达成率、360 度反馈法结果、关键事件记录等。
团队特征	成员能力雷达图、沟通偏好调研等。
管理者需求	希望优先解决的会议问题等。

实战案例

情境锚定 → 我是某互联网公司的技术部负责人，管理 20 人团队（含前端 12 人、后端 8 人），负责 3 个核心产品迭代。过往季度绩效会议平均超时 40%，员工发言时长占比不足 15%，且 60% 的会议决议未在下个周期执行。

具体痛点 → 1. 流程失控：主管主导发言占 70% 时间，员工被动听讲。
2. 决策空洞：会议常以"继续保持"等模糊结论收尾，缺乏行动项。
3. 反馈滞后：员工绩效问题平均在会议后 2 周才被跟进。

任务导向 → **请你协助我**
1. 设计会议流程：生成"30 分钟高效绩效辅导议程"，含时间分配、主持人话术。
2. 优化反馈机制：基于员工能力短板（如"代码规范性不足"），输出 3 类针对性提问话术。
3. 制定跟进计划：提供会议决议跟踪表模板，包含责任人、完成节点、验收标准。

注意事项

要点	内容
话术适配	AI 生成的话术需结合团队文化调整。
数据安全	会议中涉及的敏感信息须脱敏处理。
管理者主导	AI 可辅助生成流程和话术，但管理者需主导会议节奏。
动态优化	每次会议后收集反馈，优化议题设计。
结果落地	会议成果需与绩效管理系统关联，确保行动计划落地。

4.6 用 AI 模拟练习绩效辅导技巧

问题情景

1. 最近给员工做绩效反馈时总碰壁，要么对方抵触情绪严重，要么沟通后改进不明显，该怎么办？

2. 这说明你需要强化绩效辅导技巧的实战能力。很多管理者卡在两点：一是不会精准定位问题根源，二是缺乏灵活应对不同员工反应的沟通策略。

3. 确实如此！比如上周我和小王谈一个绩效问题，他直接反驳"客户临时加需求导致没有做好"，我竟不知道如何接话。

4. 这就是典型场景。优秀管理者需要预判员工可能的反应（如找借口、情绪化、沉默等），并准备 3~5 种应对话术。但现实中很难有机会反复试错。

5. 那怎么低成本练习这种绩效辅导过程中的沟通技巧和回应能力呢？

6. 用 AI，它能随时扮演不同性格的员工（如敏感型、攻击型、逃避型），通过多轮对话让你找到沟通卡点、调整反馈角度。比如 AI 可以模拟小王持续向你反驳，锻炼你的应对能力。

AI 提问框架

通用提问公式 = 角色设定 + 挑战场景 + 反馈目标 + 风格偏好

角色设定

明确对话双方的身份与关系，构建真实互动场景，帮助 AI 理解沟通背景和预期。

提问要素
- **管理者角色**：如新晋主管、跨部门负责人。
- **员工属性**：如高潜力员工、玻璃心下属。
- **关系背景**：如直属上下级、项目临时搭档。

挑战场景

描述需辅导的具体绩效问题及其触发场景，锁定沟通焦点。

提问要素
- **问题类型**：如目标未达成、行为偏差、能力不足。
- **关键细节**：如连续三个月 KPI 不达标。
- **潜在阻力**：如员工可能否认问题、转移责任。

反馈目标

设定本次对话希望达成的短期与长期效果，指导 AI 设计对话节奏。

提问要素
- **短期目标**：如让员工承认问题、承诺改进计划。
- **长期目标**：如培养自我觉察能力、建立持续反馈机制。

风格偏好

指定管理者偏好的沟通方式或需强化的技巧维度，定制练习重点。

提问要素
- **沟通风格**：如严厉式、教练式、支持式。
- **技巧侧重**：如提问技巧、倾听能力、冲突管理。

准备资料

要点	内容
员工画像库	收集团队成员的性格特点、常见反馈案例等。
绩效数据	近 6 个月绩效评分分布表、改进计划完成率表、过往辅导记录报告等。
个人痛点	管理者自评的薄弱环节（如不会处理员工情绪、容易陷入说教模式）。
场景剧本	整理高频辅导场景及对应沟通雷区。

实战案例

角色设定 ➤ 我是一名技术转管理的研发组长，需绩效辅导入职 2 年的工程师小陈（性格内向但技术扎实，近期因沉迷技术细节导致项目延期 3 次）。

挑战场景 ➤ 在昨天的周会上，小陈因坚持优化算法导致测试环节被压缩，最终交付功能出现 2 个严重 Bug。他私下承认"知道风险但忍不住想追求完美"，类似情况已发生 4 次。

反馈目标 ➤ **我希望通过这次绩效辅导，实现如下目标**
- 短期目标：让小陈承诺下次提前 2 天同步技术方案，并接受测试团队的时间评估。
- 长期目标：帮助他建立"技术深度与项目节奏的平衡意识"。

风格偏好 ➤ 我希望采用教练式沟通，重点练习"开放式提问引导自我觉察"和"用数据替代主观评判"。
根据以上设定，请你扮演小陈，与我模拟绩效辅导对话，并在每轮我回应后，评价我的沟通表现，指出我的沟通漏洞，并给出相应的改进建议和话术参考。

注意事项

要点	内容
场景校验	AI 建议的沟通话术需与团队文化适配。
数据隐私	禁止使用真实员工姓名或项目细节。
反馈迭代	建议每周固定模拟多个练习场景，并记录 AI 评分变化。
模拟局限	AI 难以完全复现人类情绪波动（如员工突然哽咽或愤怒），需在练习后补充员工出现极端反应后的应对预案。
结合效果	AI 模拟不能替代真实辅导，需将练习话术应用于实际场景后，再用 AI 复盘录音转写的对话文本。

4.7 用 AI 生成绩效辅导报告

问题情景

1 公司推行绩效辅导谈话之后，有员工反映"谈话过程感觉挺好的，但事后就忘了"。

2 可以形成绩效辅导报告。一份结构化的绩效辅导报告能基于客观数据（如目标完成率、关键事件记录）分析员工能力短板，提出具体改进方向，形成过程记录。

3 但是写绩效辅导报告太费时间了吧？每次写这类报告都要翻邮件、查考勤、对比历史数据，感觉会占用大量的时间。

4 可以采用结构化的绩效辅导报告，关联员工考勤、项目成果、360 度反馈法等多维度数据快速定位问题根源。

5 听起来像给每个建立员工"体检报告"？但怎么保证分析不流于表面？

6 要避免主观臆断。传统报告容易陷入"态度不端正""能力不足"等定性描述，可以要求 AI 基于数据对比生成报告，比如"该员工处理客户投诉的平均响应时间比团队均值慢 2.3 倍"。客观结论才能推动有效改进。

AI 提问框架

通用提问公式 = 绩效场景定位 + 核心矛盾提炼 + 报告输出要求

绩效场景定位

明确绩效辅导的场景信息，帮助 AI 理解辅导背景。

提问要素
- **员工画像**：如销售岗、入职 8 个月、连续两季度未达标。
- **考核周期**：如 20×× 年第 3 季度绩效复盘。
- **团队目标**：如本季度重点提升客户留存率。
- **资源限制**：如无额外培训预算，需用现有工具改进。

核心矛盾提炼

用具体数据或行为描述员工绩效问题，避免模糊表述。

提问要素
- **问题表现**：如客户拜访量达标但转化率低。
- **数据对比**：如转化率为 15%，团队均值为 22%。
- **关联影响**：如导致区域目标缺口达 8%。
- **历史趋势**：如近三个月持续下滑。

报告输出要求

明确需要 AI 生成的报告内容结构及分析维度。

提问要素
- **分析框架**：如从能力、动力、环境三维度拆解问题。
- **数据来源**：如引用客户关系管理系统中的客户跟进记录。
- **改进方向**：如需输出 3 项可立即执行的行动建议。
- **风险提示**：如避免涉及跨部门协作的障碍型建议。

准备资料

要点	内容
员工绩效数据	历史考核评分、项目成果记录、上级 / 同事 / 客户反馈等。
岗位能力模型	该岗位所需的核心能力及对应行为描述。
团队目标文档	当前考核周期的战略重点及分解指标。
绩效辅导记录	绩效辅导录音转文本、员工对历史改进建议的反馈及执行情况等。

实战案例

绩效场景定位 → 我是某互联网公司用户增长团队的主管，刚对一名入职 1 年的社群运营专员（王敏）进行了季度绩效辅导。本季度团队目标是提升付费转化率 5%，但王敏负责的渠道连续两月未达标，目前团队无额外预算，需通过现有社群运营优化其数据。附件是我对王敏实施绩效辅导的录音转文本内容。

核心矛盾提炼 → 1. 王敏负责渠道的每日活跃用户互动量达标（120 条 / 天），但付费转化率仅为 3.2%（团队均值为 5.1%）。
2. 用户调研显示，其社群内"求优惠"类提问占比 45%，但王敏的回复中仅有 13% 的促销信息。
3. 对比历史数据，她上季度转化率为 4.8%，本季度因调整话术策略导致下滑。

报告输出要求 → **请你协助我生成绩效辅导报告，要求如下**
1. 从"话术有效性""用户需求匹配度""促销信息曝光率"三维度分析转化率低的原因。
2. 输出 3 条改进建议，需包含具体话术模板及执行步骤（如"每日前 3 条互动必须包含促销关键词"）。
3. 建议不要涉及"增加工作时长"，因其已超负荷（日均工作 10 小时）。

注意事项

要点	内容
隐私保护	上传员工相关数据前须做脱敏处理。
二次校验	AI 识别录音转文本内容可能出错，需检查报告中的因果逻辑。
修改润色	AI 生成的内容可能会有"AI 味"，要做相应修改调整。

4.8 用 AI 找到过程监控关键点

问题情景

1 最近公司推行 OKR，很多团队到季度末才发现目标跑偏。比如销售部原本要开发新客户，结果一半精力花在老客户续约上，怎么提前发现问题？

2 要做过程监控。如果只复盘结果，但过程失控，往往为时已晚。销售部若能在目标拆解时明确新客户开发的关键动作（如每周拜访 10 家新客户），并监控动作完成率，就能快速发现偏差，而非等到季度末。

3 但监控太多动作会不会增加管理成本？比如既要监控销售人员的客户拜访量，又要监控销售人员的产品演示转化率，数据太散怎么办？

4 要筛选关键控制点。监控项需满足两个条件：高杠杆性（如直接影响目标达成的动作）和可量化性（如客户拜访量比客户满意度更易追踪），避免无效监控。

5 如果员工抵触被过程监控怎么办？比如觉得"每天汇报工作进度"像是被监视。

6 监控的目的是共同看见问题，而非挑刺。关键控制点需要与员工的目标对齐，并配套反馈机制。比如将新客户拜访量与销售提成挂钩，同时允许员工申诉异常（如某客户因政策原因临时终止合作）。

AI 提问框架

通用提问公式 = 目标拆解 + 过程风险 + 历史数据 + 关键点需求

目标拆解

将团队最终目标拆解为可落地的动作，为 AI 提供监控框架。

提问要素
- **目标类型**：如销售额、项目交付率、客户满意度。
- **目标周期**：如半年度、季度、月度。
- **拆解逻辑**：如"销售额 = 新客户数 × 客单价 + 老客户复购率"。

过程风险

分析目标达成过程中可能失控的环节，引导 AI 聚焦高风险环节。

提问要素
- **资源瓶颈**：如人力不足导致项目延期。
- **能力短板**：如团队缺乏数据分析技能。
- **外部干扰**：如客户需求频繁变更。

历史数据

描述过往类似目标的完成情况，为 AI 提供前车之鉴。

提问要素
- **成功 / 失败案例**：如去年第 3 季度因需求评审不足导致返工。
- **数据波动**：如客户拜访量达标但转化率低。
- **经验教训**：如销售部需在拜访后 24 小时内录入客户反馈。

关键点需求

明确需求，确保 AI 输出可直接用于管理。

提问要素
- **指标类型**：如动作类、结果类、风险预警类。
- **数量限制**：如不超过 5 个核心指标。
- **输出形式**：如"生成 Excel 表格，包含指标名称、计算公式等"。

准备资料

要点	内容
目标文件	团队 / 岗位 OKR 或 KPI 文档、目标拆解逻辑说明等。
历史数据	类似目标的完成率、关键动作数据、失败案例分析等。
风险清单	内部资源限制、外部干扰因素等。
管理偏好	管理者对监控频率的接受度、对数据可视化的要求等。

实战案例

目标拆解
> 我是一家电商公司运营部的负责人，负责某新品在天猫渠道的推广。我们部门的绩效目标是季度商品交易总额达成 1000 万元。商品交易总额 = 流量 × 转化率 × 客单价，其中流量 = 付费广告流量 + 自然搜索流量。

过程风险
> **实现绩效目标的过程中，可能存在如下风险**
> 1. 资源瓶颈：广告预算有限（仅 200 万元），需精准投放。
> 2. 能力短板：团队缺乏自然搜索优化经验。
> 3. 外部干扰：竞品公司可能在季度中推出类似产品。

历史数据
> 1. 成功案例：去年某单品通过"付费广告 + 直播带货"组合实现商品交易总额 800 万元。
> 2. 数据波动：因自然搜索关键词未优化，导致流量成本占比超 30%。
> 3. 经验教训：需每日监控广告投资回报率，并每周优化自然搜索关键词。

关键点需求
> **请你协助我**
> 输出 5 个用于监控的核心指标，作为实现绩效目标过程的关键控制点。输出形式为生成 Excel 表格（包含指标名称、计算公式、监控频率、责任人）。

注意事项

要点	内容
动态调整	过程监控的关键点需根据目标的实施进展情况迭代。
避免过度监控	监控项最好不超过 5 个，避免员工陷入填表陷阱。
人性化管理	过层监控关键点需要与员工沟通，达成共识。
数据校验	注意校验 AI 生成的过程监控指标，确保其符合业务逻辑。

第

5

第 AI+绩效评价 章

绩效评价是绩效管理的核心环节，直接关系到员工绩效的衡量与激励。不同的评价方法各有优劣，如何根据企业实际情况选择合适的评价方法，并确保评价过程公平、公正、有效，是管理者面临的难题。

AI 为绩效评价提供了多样化、智能化的解决方案。从关键事件评价法对员工突出表现的精准捕捉，到行为锚定评价法、行为观察评价法对员工行为的细致刻画；从加权选择评价法、强制排序评价法、强制分布评价法对员工绩效的合理分级，到 360 度反馈法全方位收集反馈，AI 都能辅助设计出科学、合理的评价方案。同时，AI 还能帮助设计奖励惩罚机制，使评价结果与激励措施紧密挂钩，充分发挥绩效评价的激励作用。

5.1 用 AI 设计关键事件评价法

问题情景

1 最近公司推行结果导向的绩效考核，但发现有些员工明明每天加班，绩效结果却很差，而有些员工按时下班，绩效结果反而很好，这怎么解释？

2 结果导向容易忽略员工在关键任务中的实际表现。比如，销售岗中，A 员工每天拜访 10 家客户但未成交，B 员工只拜访 3 家但拿下大单，仅看结果会误判 A 更努力。

3 那要如何保证管理者对员工做出准确客观的评价呢？

4 可以实施关键事件评价法，通过记录员工在"高价值任务"中的具体行为，评估其真实贡献。

5 但关键事件怎么定义？比如销售岗的高价值任务是"成交"还是"客户需求挖掘"？

6 关键事件需满足三个条件：目标关联性（如"直接影响团队或公司目标"）、行为可观察性（如"客户拜访记录完整性"而非"工作态度积极"）、结果可追溯性（如"因需求挖掘到位促成续约"）。

AI 提问框架

通用提问公式 = 岗位画像 + 行为锚点 + 评价维度

岗位画像

具体描述目标岗位，为 AI 提供分析边界，确保 AI 生成的关键事件与岗位实际需求强相关。

提问要素
- **岗位名称：** 如区域销售代表。
- **典型任务：** 如客户拜访、合同谈判、售后问题处理。
- **绩效目标：** 如季度销售额增长 20%。

行为锚点

提炼影响绩效的关键行为特征，需区分正向行为与负向行为，将抽象能力转化为可观察的行为指标（如"沟通能力"可拆解为"倾听时长占比 ≥ 60%"）。

提问要素
- **行为场景：** 如客户拒签合同时。
- **行为描述：** 如 3 次尝试挖掘客户深层需求。
- **行为结果：** 如最终签约率提升 40%。

评价维度

明确关键事件的评估标准（如频率、难度、影响范围等），防止评价标准模糊，确保结果可对比、可追溯。

提问要素
- **量化标准：** 如每月至少记录 3 次高价值事件。
- **权重分配：** 如客户挽留事件占比 40%。
- **反馈机制：** 如事件需经直属上级验证。

准备资料

要点	内容
岗位基础资料	岗位说明书、历史绩效考核表、典型工作流程图等。
行为数据库	过往优秀 / 待改进员工的案例记录等。
管理痛点	现有评价体系的争议点等。
业务目标	当前季度 / 年度 KPI 等。

实战案例

岗位画像

我是某互联网公司 HRBP，负责优化销售团队的绩效评价体系。目标岗位为"大客户经理"，核心职责包括新客户开发（占比 40%）、老客户续约（占比 30%）、跨部门协作（占比 30%）。当前季度 KPI 为"新客户签约额增长 25%"。

行为锚点

团队近期遇到两个典型问题

1. 正向行为缺失：部分经理通过"低价促销"达成签约，但客户次年流失率高达 50%。
2. 负向行为争议：某经理因"未及时同步客户需求给产品部"导致项目延期，但自称"专注客户开发"。

评价维度

请你协助我

1. 为"大客户经理"设计关键事件评价表，需包含"客户开发策略""风险预判能力""团队协作效率"三个维度。
2. 为每个维度提供 3~5 个典型行为锚点（如"在客户预算砍半时，通过资源置换保住合作"）。
3. 制定事件记录模板，要求包含"事件背景""行为描述""结果影响"三栏，并明确"如何区分个人贡献与团队贡献"。

注意事项

要点	内容
场景适配	关键事件法适用于行为可观测或可量化的岗位，对不具备这类特征的岗位需结合其他方法做员工评价。
动态更新	每季度复盘事件库，淘汰低频事件，新增与业务战略相关的新场景。
达成共识	AI 生成方案后需要管理者和员工共同认可，避免执行困难。
结合 360 度反馈法	关键事件评价法侧重管理者对员工的行为观察和记录，可以结合同事、客户等更多反馈综合评价员工。
避免过度细化	行为标准需平衡可观察性与可操作性（如，销售岗可记录"客户拜访次数"，但无需记录"具体谈话内容"）。

5.2 用 AI 设计行为锚定评价法

问题情景

1 最近我们公司发现员工对考核标准争议很大。比如销售岗的"沟通能力"评价，主管们要么打分极端（不是满分就是不及格），要么用"态度积极"这种模糊描述，怎么办呢？

2 看来是绩效评价的标准不统一。行为锚定评价法通过将关键能力拆解为具体行为等级，能解决这个痛点，比如"沟通能力"可细化为"能清晰表达需求""能主动协调跨部门冲突"等可观察的行为锚点，让评价有据可依。

3 听起来像是给指标"翻译"成具体动作？但设计这些锚点会不会很耗时？比如"创新力"这种抽象能力，怎么拆解？

4 可以用 AI 帮你提炼高绩效行为。以"创新力"为例，可拆解为：1 级（基础）：能提出 1~2 个流程优化建议；2 级（进阶）：主导过 1 个跨部门协作的创新项目；3 级（卓越）：推动公司采纳其创新方案并带来效益增长。

5 抽象的要求也能拆解为行为锚点吗？比如我们研发团队总抱怨"代码质量"考核无法量化，该怎么拆解？

6 抽象要求可以转化为可操作标准。比如"代码质量"可拆解为"1 级：代码通过单元测试，无严重逻辑错误；2 级：代码复用率超过 30%，注释覆盖率 100%；3 级：主导设计过可扩展性架构，降低了后续开发成本。"

AI 提问框架

通用提问公式 = 岗位核心能力 + 现存问题 + 锚点设计需求

岗位核心能力

明确目标岗位需考核的关键能力项，帮助 AI 聚焦岗位特性．

提问要素
- **岗位类型**：如技术岗、客服岗。
- **能力维度**：如专业能力、跨部门协作能力。
- **企业战略关联**：如"支持新产品上市"需考核的"市场洞察力"。

现存问题

描述当前考核中因标准模糊导致的具体问题（如"销售业绩好但客户投诉率高"）。引导 AI 锚定问题根源，设计针对性行为指标。

提问要素
- **主观评价痛点**：如主管对"责任心"打分差异大。
- **业务影响**：如优秀员工流失率上升。
- **历史数据**：如近半年绩效考核申诉率达 15%。

锚点设计需求

明确 AI 需输出的行为锚点格式与内容要求，将模糊需求转化为 AI 可落地的设计任务。

提问要素
- **分级标准**：如分为 1~5 级行为描述。
- **示例场景**：如处理客户投诉时，处理行为应分为 1 级 /3 级 /5 级行为。
- **关联指标**：如行为锚点需对应具体业务成果数据。

准备资料

要点	内容
岗位信息	岗位说明书、现有绩效考核表等。
业务场景	典型工作任务、高绩效员工行为特征等。
问题数据	绩效考核申诉记录、员工调研反馈等。
企业战略	短期目标、长期能力需求等。

实战案例

岗位核心能力

我是某电商公司 HRBP，负责设计客服岗的绩效考核方案。当前团队规模 50 人，主要处理售前咨询、售后投诉。公司近期提出"提升客户满意度至 90%"的要求，但现有考核中"服务态度""问题解决能力"等主观指标占比 40%。

现存问题

1. 考核标准模糊：如"服务态度"仅描述为"热情、耐心"，缺乏具体行为参考。
2. 业务脱节：现有指标未关联"客户满意度""问题解决率"等核心业务结果。
3. 争议频发：近 3 个月绩效考核申诉率达 18%，集中在"服务态度"评分。

锚点设计需求

请你协助我针对"服务态度""问题解决能力"设计行为锚点，要求如下

1. 分 5 级描述（1 级 - 不合格，5 级 - 卓越）。
2. 每级锚点需对应具体行为与业务结果（如"5 级锚点需关联客户满意度提升数据"）。
3. 提供 3 个典型场景示例（如"处理客户投诉""引导客户下单"）。
4. 输出格式需为 Excel 表格，包含"能力项""行为锚点""业务关联指标"三列。

注意事项

要点	内容
业务适配	AI 生成的锚点需结合岗位实际场景进行调整。
员工参与	设计过程中应邀请高绩效员工参与锚点验证。
培训配套	需配套管理者培训，确保所有管理者理解行为锚点的含义和评分标准。
动态迭代	每季度根据业务变化更新行为锚点。
数据留痕	行为锚点需对应具体案例。

5.3 用 AI 设计行为观察评价法

问题情景

1 我们发现不同主管对员工的评价标准差异很大。比如有的主管重视结果，有的主管更关注过程，导致评分结果缺乏公平性。这种情况该怎么解决？

2 可以用行为观察评价法，通过设计一套标准化的行为观察指标统一评价维度，减少主观偏差。比如，将"跨部门协作"拆解为"主动沟通频率""任务响应速度"等可量化行为，让不同主管在相同框架下打分。

3 但这样会不会让评价变得过于机械？比如有的员工虽然工作流程规范，但创新能力不足，该怎么平衡呢？

4 行为观察评价法可以结合关键事件记录来补充。比如将员工在项目中主动突破常规、提出创新方案的案例，作为加分项。同时，针对不同岗位设计差异化指标，既保证公平，又体现岗位特性。

5 听起来很实用，但制定这些行为指标会不会很耗时？尤其是对中小企业来说，时间和资源有限，也不具备这方面能力。

6 可以借助 AI，优先聚焦高频关键行为，提高评价效率。比如，统计过去一年员工绩效申诉中高频出现的问题，针对性设计观察指标。这样既能快速解决实际问题，又能控制实施成本。

AI 提问框架

通用提问公式 = 岗位分析需求 + 现有评价痛点 + 行为设计目标

岗位分析需求

具体描述需设计行为观察法的岗位，帮助 AI 精准定位评价维度。

提问要素
- 岗位名称：如销售代表、项目经理。
- 职责优先级：如客户开发占比 40%、项目交付占比 60%。
- 关键能力：如沟通能力、抗压能力、技术熟练度。

现有评价痛点

描述当前绩效评价中因主观性导致的问题，需具体到场景，让 AI 理解问题根源。

提问要素
- 评价标准模糊：如"工作态度"无具体定义。
- 评价结果偏差：如不同主管评分差异超过 20%。
- 员工反馈：如认为评价不公平、缺乏改进方向。

行为设计目标

明确希望 AI 生成的行为观察指标的具体要求，确保 AI 输出可直接用于实践，减少二次加工成本。

提问要素
- 指标类型：如过程性行为、结果性行为、关键事件。
- 使用场景：如日常观察、项目复盘、晋升评估。
- 落地形式：如评分表模板、观察记录表、行为案例库。

准备资料

要点	内容
岗位说明书	包括岗位职责、能力要求、典型工作任务等。
现有绩效评价表	包括现有评分项、评分标准及历史评分数据等。
员工反馈记录	绩效面谈记录、申诉案例、满意度调研结果等。
行业标杆案例	同类型企业行为观察法的实施经验或模板。
管理目标	降低评分争议率 30%、提升员工改进计划执行率 50% 等。

实战案例

岗位分析需求

我是某互联网公司 HRBP，需要为"客户成功经理"岗位设计行为观察评价法。该岗位的核心职责包括维护客户续约率（占比 50%）、解决客户技术问题（占比 30%）、推动客户增购（占比 20%），需具备沟通能力、技术理解力、问题解决能力。

现有评价痛点

当前评价标准为"客户满意度评分"，但存在以下问题

1. 不同客户对"满意度"定义差异大，评分波动超过 30%。
2. 主管评价依赖主观印象，缺乏过程性记录。
3. 员工反馈"不清楚如何改进"，导致重复犯错。

行为设计目标

请你协助我设计一套行为观察指标，要求如下

1. 包含过程性行为（如"每周主动回访客户次数""技术问题响应时效"）、结果性行为（如"客户续约率""增购金额"）及关键事件（如"成功挽回流失客户案例"）。
2. 提供评分表模板，包含行为定义、评分标准（如 1~5 分）及数据来源（如客户关系管理系统记录）。
3. 附 3 个典型岗位的行为观察案例库，供主管参考。

注意事项

要点	内容
动态调整	每季度根据业务变化更新行为观察评价法中的行为指标。
主管培训	AI 生成结果后，需要为主管提供行为观察法使用指南，并对主管实施培训。
员工参与	在设计阶段邀请高绩效员工代表参与，提升员工对指标的认可度。
数据安全	涉及客户信息的行为记录须进行脱敏处理。

5.4 用 AI 设计加权选择评价法

问题情景

1 不同部门的绩效评价标准差异太大。比如销售部门看重业绩达成率，而研发部门更强调技术突破，导致绩效评分结果难以横向对比，这种情况怎么解决？

2 可以使用加权选择评价法。为不同部门的考核指标分配差异化权重，这样既能体现岗位特性，又能通过统一权重计算规则（如"总分 = 指标 1× 权重 1+ 指标 2× 权重 2"）实现横向比较，减少争议。

3 但权重分配怎么定才合理呢？比如销售部门除了业绩，是否也要考虑客户满意度？如果都加上，权重又该怎么平衡呢？

4 可以通过战略关联度来设定权重。比如，如果公司今年战略目标是提升客户复购率，那么销售部门的"客户满意度"权重可设为 20%，业绩权重设为 60%，剩余 20% 分配给团队协作等软性指标。

5 听起来很复杂，实施起来会不会增加管理成本？

6 用 AI 辅助很快能就建构起这套评价体系。可以直接聚焦核心指标（如仅保留 3 个关键指标），减少冗余。另外可以用可视化工具（如雷达图）展示员工在各维度表现，这样能直观理解短板在哪里。

AI 提问框架

通用提问公式 = 评价目标定义 + 指标权重需求 + 落地支持要求

评价目标定义 →

明确需设计加权选择评价法的实施背景，帮助 AI 理解评价设计的核心意图。

提问要素
- **岗位类型**：如销售岗、技术岗、职能岗。
- **评价周期**：如季度考核、年度考核。
- **管理目标**：如提升团队协作效率、强化业绩导向。

指标权重需求 →

描述需纳入加权评价的指标清单及权重分配逻辑，确保 AI 输出的权重分配方案有依据。

提问要素
- **指标类型**：如业绩指标、能力指标、行为指标。
- **权重分配原则**：如战略关联度、历史数据、员工反馈。
- **数据来源**：如过去三年的业绩数据、岗位胜任力模型。

落地支持要求 →

明确希望 AI 提供的配套工具或文档，确保 AI 输出可直接用于实践，降低实施难度。

提问要素
- **评分表模板**：如含指标名称、权重、评分标准。
- **权重调整规则**：如战略调整时权重可浮动 ±10%。
- **员工沟通话术**：如如何解释权重的设定逻辑。

准备资料

要点	内容
岗位说明书	包括岗位职责、核心能力要求及典型工作任务等。
历史绩效数据	过去 3 年各岗位的考核指标得分及分布情况等。
战略目标文件	公司年度战略规划、部门 KPI 分解表等。
员工调研结果	员工对现有考核指标的反馈、对权重分配的期望等。
管理目标	降低销售部门与研发部门的评分争议率、提升高潜力员工识别准确率等。

实战案例

评价目标定义

我是某科技公司人力资源总监，现在需要为"产品经理"这个岗位设计加权选择评价法。该岗位考核周期为半年度，管理目标为"提升产品创新效率"和"强化跨部门协作"。

指标权重需求

1. 请基于以下指标分配权重。
· 业绩指标（如产品上线数量、用户增长量）。
· 能力指标（如需求分析能力、技术理解力）。
· 行为指标（如跨部门沟通效率、团队协作反馈）。
2. 权重分配原则如下。
· 业绩指标权重参考公司战略目标（如"用户增长"为今年核心，权重占比 50%）。
· 能力指标权重参考岗位胜任力模型（如"需求分析"为产品经理核心能力，权重占比 30%）。
· 行为指标权重参考历史数据（如"过去一年跨部门协作导致的项目延期"占比 25%）。

落地支持要求

请你协助我提供如下文件
1. 加权评分表模板，包含指标名称、权重、评分标准（如 1~5 分制）及计算公式。
2. 权重调整规则，明确在何种情况下可调整权重（如战略目标变化时）。
3. 员工沟通指南，包括如何向员工解释权重分配逻辑及评分规则。

注意事项

要点	内容
动态校准	每半年根据战略目标变化调整加权选择评价法中的权重比例。
避免复杂	指标数量最好控制在 5 个以内，避免指标过多造成管理混乱。
员工参与	在权重分配阶段邀请高绩效员工代表参与，提升方案认可度。
可视化呈现	用雷达图或柱状图展示员工得分，帮助员工直观理解差距。
试点验证	先在 1~2 个部门试点，根据反馈优化后再全面推广。

5.5 用 AI 设计强制排序评价法

问题情景

1 我们公司最近在做绩效复盘，发现用传统的打分制总出现"老好人"现象，大家分数都挤在中段，优秀和待改进的员工区分不开，怎么办？

2 可以用强制排序评价法。通过直接比对员工贡献度排出名次，能清晰识别高绩效和低绩效人群，避免"平均主义"掩盖真实表现。

3 但强制排序评价法会不会引发内部矛盾？比如员工质疑"为什么我排在某人后面"？

4 关键在于设计科学的评价维度和透明的规则。比如结合岗位核心指标（如销售业绩、项目交付质量）和软性能力（如团队协作、创新能力），用多维度数据支撑排序结果，并允许申诉反馈，这样员工更容易接受。

5 但有些岗位工作成果难以量化，比如行政、客服岗，怎么保证排序公平？

6 可以通过多维度数据比较实现相对量化。比如将"投诉处理效率""跨部门协作主动性""流程优化贡献"等作为排序依据。即使没有数据。也能通过行为锚定评价法描述标杆行为，辅助管理者决策。

AI 提问框架

通用提问公式 = 评价目标 + 评价标准 + 数据来源 + 排序逻辑

评价目标

明确强制排序的核心目的。

提问要素
- **目标层级：** 如公司级、部门级、团队级。
- **预期结果：** 如"筛选前 10% 晋升候选人"或"淘汰末位 5% 员工"。
- **时间周期：** 如年度 / 季度排序。

评价标准

拆解影响员工绩效的关键指标及其权重，以构建可量化的评价框架。

提问要素
- **硬性指标：** 如销售额、项目完成率。
- **软性指标：** 如领导力、跨部门协作。
- **指标权重分配逻辑：** 如销售业绩占 60%，客户反馈占 40%。

数据来源

明确用于排序的原始数据类型及获取方式。

提问要素
- **历史绩效数据：** 如过往考核记录。
- **实时产出数据：** 如销售系统中的订单量。
- **360 度反馈法：** 如同事、上级、下属评分。

排序逻辑

描述如何将评价标准转化为最终名次。

提问要素
- **排序算法：** 如加权求和、层次分析法。
- **异常值处理：** 如剔除极端数据或手动调整争议案例。
- **结果呈现形式：** 如表格 / 可视化图表。

准备资料

要点	内容
岗位说明书	明确各岗位核心职责与关键绩效指标。
历史绩效数据	过去 3~6 个月的员工考核结果及反馈记录等。
部门业务目标	本季度销售额增长 20%、客户满意度提升 15% 等。
员工行为日志	项目参与记录、奖惩情况、培训成果等辅助信息等。
管理层诉求	晋升、调薪、淘汰等排序结果的应用场景。

实战案例

评价目标

我是一家互联网公司的人力资源负责人，现在需要对 30 人规模的产品部团队进行季度强制排序，目的是筛选出前 20% 的高潜力员工进入人才梯队，同时识别末位 10% 需优化的人员。

评价标准

请按以下维度设计排序规则

·硬性指标：产品迭代速度（占 40%）、用户增长贡献（占 30%）。

·软性指标：跨部门协作效率（占 20%）、创新提案数量（占 10%）。

权重需结合岗位差异：高级产品经理的"用户增长贡献"权重提升至 35%，初级产品经理的"产品迭代速度"权重降至 35%。

数据来源

需要参考以下数据

1. 历史数据：过去两个季度的 OKR 完成情况、项目管理系统中的任务交付记录。

2. 实时数据：当前季度用户活跃度增长曲线、产品问题率统计。

3. 反馈数据：技术部、市场部对产品部的协作评分（1~5 分制）。

排序逻辑

请你协助我

1. 使用加权求和法计算总分，按分数从高到低排序。

2. 若两人分数相同，优先参考"创新提案数量"。

3. 最终结果需以表格形式呈现，包含员工姓名、总分、各维度得分及排名。

注意事项

要点	内容
数据校验	AI 生成的排序结果需与直属领导确认，避免因数据录入错误导致偏差。
动态调整	每季度复盘指标权重（如市场环境变化时，可调整某些指标的权重）。
人文关怀	对末位员工提供改进建议（如加强用户调研能力），而非直接淘汰。
透明度控制	仅向管理层公开完整排序，对员工展示个人排名及改进方向，保护隐私并减少内部攀比。

5.6 用 AI 设计强制分布评价法

问题情景

1 我觉得强制排序评价法还是有弊端的，比如排第 1 和排第 2 的员工，也许并没有本质区别，但排序分出了高下，不利于团队内部团结。

2 可以使用强制分布评价法代替强制排序评价法。通过预设比例（如 20% 优秀、70% 合格、10% 待改进）区分绩效等级，这可以缓解强制排序评价法的尴尬，同时能识别出员工的优劣。

3 但强制分布评价法会不会导致管理者让员工"轮流坐庄"？比如今年让 A 员工当末位，明年换 B 员工当末位，最后不需要对评价靠后的员工实施优化。

4 尽可能将强制分布与客观指标（如销售额、项目完成率）挂钩，这样优劣一目了然，管理者没有操作空间。同时，配套能力诊断工具（如技能测试），客观反映团队成员能力的优劣程度。

5 如果部门人数很少（如只有 3 人，10% 的"待改进"名额不足 1 人），强制分布比例该怎么定？

6 可灵活调整比例或合并考核单元。比如，3 人部门可按"1 优秀、2 合格"或"1 合格、1 待改进、1 观察期"的分布方式，或与相邻部门合并考核。跨部门排名分布能在一定程度上降低部门内部冲突。

AI 提问框架

通用提问公式 = 考核场景描述 + 分布比例与规则 + 落地支持需求

考核场景描述

明确需应用强制分布评价法的具体背景，帮助 AI 理解实施强制分布评价法的核心意图。

提问要素

- **岗位类型**：如销售岗、技术岗、职能岗。
- **考核周期**：如季度考核、年度考核。
- **管理目标**：如淘汰末位员工、激励高绩效者、推动跨部门协作。

分布比例与规则

描述需设定的强制分布比例与规则，确保 AI 输出的强制分布方案有依据。

提问要素

- **比例分配**：如"A 类 20%、B 类 70%、C 类 10%"。
- **考核指标**：如业绩、能力、协作，需明确权重及评分标准。
- **争议处理规则**：如"员工对结果有异议时，可申请复核，需提供 3 项客观证据"。

落地支持需求

明确希望 AI 提供的配套工具或文档，确保 AI 输出可直接用于实践。

提问要素

- **规则模板**：含比例、指标、评分标准及争议处理流程。
- **管理者沟通话术**：如"如何向员工解释强制分布的必要性及 C 类员工的改进路径"。
- **员工改进计划**：如"C 类员工需在 3 个月内完成哪些具体任务，否则进入淘汰流程"。

准备资料

要点	内容
岗位说明书	包括岗位职责、核心能力要求及典型工作任务等。
历史绩效数据	包括过去 3 年各岗位的考核指标得分及分布情况。
管理目标文件	公司年度战略规划、部门 KPI 分解表等。
员工调研结果	员工对现有考核方式的反馈、对强制分布评价法的接受度等。
争议处理案例	过去因考核排名引发的争议事件及处理结果等。

实战案例

考核场景描述 → 我是某科技公司人力资源总监，现在需要为技术岗团队设计强制分布评价法。该岗位考核周期为半年，管理目标为"优化末位 10% 的员工"和"推动跨部门协作"。

分布比例与规则 → **请基于以下比例与规则设计强制分布方案**

1. 比例分配。
- A 类（优秀）：20%（奖金翻倍，优先晋升）。
- B 类（合格）：70%（正常奖金）。
- C 类（待改进）：10%（进入培训计划，连续两次 C 类进入淘汰流程）。

2. 考核指标。
- 业绩指标：如项目完成率、代码质量，权重占比 50%。
- 能力指标：如技术深度、问题解决能力，权重占比 30%。
- 协作指标：如跨部门项目参与度、协作反馈，权重占比 20%。

3. 争议处理规则：员工对结果有异议时，可申请复核，需提供 3 项客观证据（如项目文档、协作记录）。

落地支持需求 → **请你协助我**

1. 生成强制分布规则模板，包含比例、指标、评分标准及争议处理流程。

2. 生成管理者沟通指南，包括如何向员工解释强制分布的必要性及 C 类员工的改进路径。

3. 生成 C 类员工改进计划模板，明确需在 3 个月内完成的任务（如提升某项技术能力、参与 1 个跨部门项目）。

注意事项

要点	内容
比例动态调整	每半年根据业务目标调整强制比例（如市场扩张期 A 类比例提升至 30%）。
透明化公示	强制分布评价法的规则需提前公示，让员工清楚评价依据。
人性化改进	为 C 类员工提供人性化的改进路径。
法律合规	确保实施人员优化的流程符合相关法律法规。

5.7 用 AI 设计 360 度反馈法

问题情景

1
我发现公司实施直属上级评价员工的评价政策后，喜欢"拍马屁"的员工越来越多，协作意识和服务意识却越来越少。这种情况怎么办？

2
可以实施 360 度反馈法，通过引入多维度反馈（如上级、同事、下属、客户、跨部门协作方），打破单一评价者的主观偏差。这既能保证结果客观，又能倒逼员工关注协作和服务。

3
但 360 度反馈法会不会导致员工陷入"讨好所有人"的困境？导致员工都当起老好人？比如有人为了同事给自己打高分，在工作中不敢坚持原则？

4
可以通过"匿名评价 + 行为锚定"规避风险，比如，要求同事评价时必须结合具体案例，同时明确"团队协作"不等于"无原则妥协"，可以将"坚持原则但沟通得当"作为高分行为锚点。

5
如果某些岗位（如研发岗）接触外部客户较少，如何设计 360 度反馈法的维度？

6
360 度反馈法并不是一定要包含某个维度，可以根据实际情况，灵活调整评价的主体权重。即使无外部客户，也能通过"跨部门协作"和"内部贡献"实现多维度反馈。

AI 提问框架

通用提问公式 = 岗位特征描述 + 评价维度与权重 + 落地保障需求

岗位特征描述

明确需应用 360 度反馈法的背景或场景，帮助 AI 理解岗位特性。

提问要素
- **岗位类型**：如销售岗、技术岗、职能岗。
- **核心职责**：如直接产出成果、跨部门协作任务。
- **协作场景**：如内部协作、外部客户接触频率。

评价维度与权重

描述需包括评价主体、标准和权重，确保 AI 输出的 360 度反馈法方案既全面又聚焦关键职责。

提问要素
- **评价主体**：如上级 40%、同事 30%、跨部门 20%、客户 10%。
- **评价标准**：如"行为锚定：同事评价需结合具体协作案例""客户评价需引用满意度调研数据"。
- **权重分配逻辑**：如"跨部门协作占比高，因该岗位 70% 工作依赖多部门协同"。

落地保障需求

明确希望 AI 提供的配套工具或文档，确保 AI 输出可直接用于实践。

提问要素
- **评价问卷模板**：含各主体评价问题及评分标准。
- **匿名处理规则**：如评价者与被评价者姓名须脱敏。
- **结果应用建议**：如 360 度反馈法结果占绩效考核总分的 30%，与晋升、调薪挂钩。

准备资料

要点	内容
岗位说明书	包括岗位职责、核心能力要求及典型协作场景等。
历史评价数据	包括过去 2 年各岗位的考核指标得分及员工反馈。
协作关系图谱	跨部门项目协作记录、客户对接频率统计等。
员工调研结果	员工对现有评价方式的满意度、对 360 度反馈法的接受度等。
行为锚定案例库	"优秀"和"待改进"等员工的具体行为表现。

实战案例

岗位特征描述 →
我是某互联网公司 HRBP，现在需要为"产品经理"岗位设计 360 度反馈法。该岗位核心职责包括需求分析、跨部门协作（如与技术、运营、市场团队对接）及客户沟通（如用户调研、需求验证），70% 的工作依赖多部门协同。

评价维度与权重 →
请基于以下维度与权重设计 360 度反馈法方案
1. 评价主体及权重。
  · 上级（40%）：基于需求分析准确性、项目交付质量评分。
  · 同事（30%）：基于跨部门协作效率、文档共享质量评分。
  · 跨部门合作方（20%）：基于需求响应速度、沟通主动性评分。
  · 客户（10%）：基于需求理解深度、反馈及时性评分（引用用户调研数据）。
2. 评价标准。
  · 行为锚定：同事评价需结合具体协作案例（如"该产品经理在 ×× 项目中主动协调技术团队，推动需求 1 周内落地"）。
  · 量化指标：客户评价需引用满意度调研得分（如"用户需求匹配度 ≥ 85% 为高分"）。

落地保障需求 →
请你协助我
1. 生成 360 度反馈法问卷模板，包含各主体评价问题及评分标准。
2. 生成匿名处理规则，确保评价者与被评价者姓名脱敏。
3. 提供结果应用建议，明确 360 度反馈法结果与晋升、调薪的挂钩比例。

注意事项

要点	内容
匿名与透明平衡	匿名处理需保留部门及角色信息，便于管理者追溯问题根源。
避免"老好人"效应	对同事评价时设置"反向评分"问题（如"该员工是否在协作中不讲原则、推诿责任"）。
结果应用谨慎	360 度反馈法结果不宜直接用于奖金分配、加薪或淘汰等涉及员工切身利益的决策，需结合业绩数据综合判断。
文化适配性	可以先从"上级 + 同事"双维度试点，逐步引入跨部门及客户评价。

5.8 用 AI 设计奖励惩罚机制

问题情景

1 我们最近推行项目制考核，发现员工对奖励的感知越来越弱。明明有奖励，但员工的工作状态散漫，似乎只追求考核结果，这种情况该怎么破局？

2 这是"激励钝化"问题，需要重新设计奖励机制。让奖励与行为过程挂钩，而非仅看结果。通过奖励引导员工的行为，让员工"动起来"。

3 我们的惩罚机制也有问题。比如，有员工因个人失误导致项目延期，直接扣奖金可能引发抵触，甚至离职，但不惩罚又难以服众，该怎么平衡？

4 惩罚机制需遵循"对事不对人"和"可补救"的原则。比如，将惩罚与问题修复成本挂钩：若因员工疏忽导致项目延期，可要求其承担部分补救资源（如加班补救），而非直接扣钱；同时和员工一起复盘改进计划。

5 如果某些岗位（如研发岗）的成果难以量化，如何设计公平的奖惩机制？

6 可以通过行为锚定实施奖励。比如，研发岗可设定"代码提交质量（如缺陷率 ≤ 0.5%）""技术文档完整性（如覆盖率 100%）""跨部门协作响应速度（如需求反馈 ≤ 24 小时）"等过程指标，按季度达标情况发放奖励。

AI 提问框架

通用提问公式 = 业务场景描述 + 奖惩痛点拆解 + 机制设计需求

业务场景描述

明确需要设计奖惩机制的具体场景，帮助 AI 理解岗位特性。

提问要素
- 岗位类型：如销售岗、技术岗、客服岗。
- 核心职责：如直接产出成果、跨部门协作任务。
- 协作场景：如内部协作、外部客户接触频率。
- 业务目标：如季度销售额增长 20%、客户投诉率下降 15%。

奖惩痛点拆解

描述当前奖惩机制中存在的问题及员工反馈，需提炼为可优化的矛盾点。

提问要素
- 奖励问题：如只发放固定奖金导致激励不足。
- 惩罚问题：如直接扣钱引发抵触、规则模糊导致争议。
- 员工反馈：如希望奖励与贡献挂钩、接受能力补救替代惩罚。

机制设计需求

明确希望 AI 提供的奖惩机制框架，将需求转化为 AI 可落地的任务（如将"避免激励钝化"转化为"设计多维度过程奖励指标"）。

提问要素
- 奖励类型：如过程指标奖励、里程碑奖励、行为锚定奖励。
- 惩罚规则：如与问题修复成本挂钩、可进行补救性惩罚。
- 配套工具：如生成奖惩公示模板、复盘改进计划表。

准备资料

要点	内容
岗位说明书	包括岗位职责、核心能力要求及典型协作场景等。
历史奖惩数据	包括过去 2 年各岗位的奖惩记录、员工反馈及效果评估等。
业务目标与考核指标	季度销售额、客户满意度、项目交付周期等。
员工调研结果	员工对现有奖惩机制的满意度、对公平性的感知等。

实战案例

业务场景描述

我是某互联网公司 HRBP，现在需要为客服岗位设计一套奖惩机制。该岗位的核心职责包括客户咨询响应（日均处理量 ≥ 50 单）、投诉解决率（≥ 90%）及跨部门协作（如与产品、技术团队反馈需求），需在保证服务质量的同时提升客户满意度（目标 ≥ 85%）。

奖惩痛点拆解

1. 奖励问题：固定月薪 + 月度服务之星奖金（仅前 3 名），导致优秀员工积极性不足，部分员工通过"挑简单问题处理"刷数量。
2. 惩罚问题：投诉扣款（单次 50 元）导致员工抵触，甚至隐瞒投诉，实际投诉率被低估。
3. 员工反馈：希望"奖励与贡献挂钩""接受能力补救替代扣款"。

机制设计需求

请你协助我基于以下需求设计奖惩机制
1. 奖励类型。
  · 过程指标奖励（如"复杂问题处理量占比 ≥ 30%"）。
  · 里程碑奖励（如"季度投诉解决率 ≥ 95%"）。
  · 行为锚定奖励（如"提出优化建议被采纳"）。
2. 惩罚规则。
  · 与问题修复成本挂钩（如"单次投诉扣款 = 补救成本 × 10%"）。
  · 提供复盘改进计划（如"参加沟通技巧培训"）。
3. 生成配套工具。
  · 奖惩公示模板（含奖励依据、惩罚原因及补救措施）。
  · 复盘改进计划表（明确改进目标、责任人及时间节点）。

注意事项

要点	内容
动态调整	每季度根据业务目标变化调整奖惩指标权重。
规则透明	奖惩机制需全员公示，明确评价标准与申诉流程。
奖励与惩罚平衡	奖励的额度占比应高于惩罚，避免罚多奖少的局面。
文化适配	对强结果导向团队，可适当提高过程指标奖励占比，向长期价值引导。

第

6

章

AI＋绩效反馈

绩效反馈是连接绩效评价与绩效改进的桥梁，有效的绩效反馈能够帮助员工认识到自身优势与不足，明确改进方向。然而，在实际操作中，管理者往往难以准确分析绩效结果、诊断问题根源，导致绩效反馈缺乏针对性与有效性。

AI 的引入为绩效反馈带来了质的飞跃。它能够通过数据分析深入剖析绩效结果，精准诊断绩效问题，查找员工绩效问题的深层次原因。在此基础上，AI 还能智能设计绩效改进方案、反馈面谈提纲，模拟练习反馈技巧，辅助制定个性化的绩效改进计划与技能提升方案，使绩效反馈更具深度与温度，助力员工实现绩效提升与职业发展。

6.1 用 AI 分析绩效结果

问题情景

1 最近绩效复盘时发现，各部门对评估结果争议很大，技术部抱怨指标太注重代码量，市场部又说客户满意度评分不公平，这该怎么办？

2 这说明你们的绩效评估可能存在双重脱节：指标设计与业务目标脱节，主观评价与客观数据脱节。比如技术部如果只考核代码量，就会忽略代码质量和技术创新的隐性贡献。

3 确实如此！但每次调整指标都像打补丁，怎么才能让评估更科学呢？

4 要建立"数据－行为－结果"的关联分析。比如通过历史数据找出高绩效员工的共性特征（如项目交付准时率、跨部门协作频次），再反推指标权重是否合理。这比拍脑袋定指标可靠得多。

5 可我们积累的绩效数据都堆积在表格里，深度挖掘和分析这些数据太耗时了，根本没有时间呀。

6 可以用 AI 帮你分析呀！AI 能帮你发现意想不到的问题。比如通过离职员工绩效轨迹分析，可能发现连续两季度评分下滑的员工有 80% 会在三个月内离职，这就是预警信号。

AI 提问框架

通用提问公式 = 情境定位 + 核心矛盾 + 分析目标

描述绩效管理的背景信息，为 AI 提供分析基准。

情境定位

提问要素
- **组织特征**：如团队规模为 50 人研发团队、行业属性为制造业。
- **考核周期**：如月度 / 季度 / 年度评估。
- **现有工具**：如 Excel 手动统计或 OKR 软件。
- **数据基础**：如 KPI 完成率、360 度反馈法、项目里程碑达成情况。

明确当前绩效管理中的具体痛点，将模糊感受转化为具体问题。

核心矛盾

提问要素
- **结果异常**：如销售冠军团队客户满意度评分最低。
- **行为偏差**：如高绩效员工离职率同比增 30%。
- **资源错配**：如 80% 的培训预算用于低潜力员工。

要求 AI 通过数据挖掘或逻辑推演解决的具体任务。

分析目标

提问要素
- **归因需求**：如分析研发部绩效波动与项目延期率的相关性。
- **预测需求**：如调整考核权重后，员工创新提案数量的变化趋势。
- **优化建议**：如设计针对高潜力员工的差异化激励方案。

准备资料

要点	内容
历史绩效数据	过去 3~6 个考核周期的原始评分记录（须脱敏处理）等。
评估标准文档	现行绩效考核表、指标定义及评分规则等。
员工反馈摘要	近半年绩效面谈记录中的高频问题等。
业务关联数据	部门目标达成率、客户投诉量、项目交付周期等关联指标等。
管理诉求清单	希望通过绩效分析解决的核心问题。

实战案例

情境定位

我是某制造企业 HRBP，负责支持一条 200 人的生产线。当前采用"产量 + 质检合格率"双指标考核，数据通过车间系统自动采集。但近期发现：老员工（工龄 >3 年）绩效评分普遍下滑，而新员工（入职 <1 年）评分虚高，甚至出现"为冲产量忽视设备保养"的安全隐患。

核心矛盾

1. 指标失衡：产量权重占 70%，导致员工牺牲质量换数量。
2. 评价盲区：设备维护、工艺改进等隐性贡献未纳入考核。
3. 数据割裂：绩效系统与生产系统未打通，无法分析"产量波动 – 设备故障率 – 维修记录"的关联性。

分析目标

请你协助我完成以下任务
1. 归因分析：量化"产量权重过高"对质量事故率的影响系数。
2. 指标优化：基于设备维护记录、工艺改进提案等数据，设计一套包含"过程行为"的加分项。
3. 预警模型：建立员工绩效趋势预测，当连续两月评分下滑且设备保养记录缺失时触发预警。
4. 方案对比：模拟调整考核权重后（如产量降至 50%，新增 20% 过程指标），预测员工行为变化及潜在风险。

注意事项

要点	内容
数据质量校验	AI 分析结果需与车间主任访谈、安全审计记录交叉验证。
隐私合规处理	删除敏感信息，仅保留岗位、工龄、绩效分等结构化数据。
管理逻辑融合	AI 建议的过程指标需评估实际可操作性。
动态迭代机制	每季度用新数据重新训练模型，观察指标权重调整后的行为变化。

6.2 用 AI 做绩效问题诊断

问题情景

1 最近公司销售部门员工离职率从 10% 上升到 20%，团队反馈可能由于"考核标准模糊""工作成果难以量化"，这种情况该如何系统性地诊断问题？

2 绩效诊断就像医生看病，先要找准病灶才能开药方。你需要先区分是目标设定偏差、过程执行不足还是结果评估失效。比如考核标准模糊可能属于目标层问题，而工作成果难以量化可能关联评估层与执行层的数据缺失。

3 部分部门确实存在"为考核而考核"的现象，比如研发团队用考勤替代成果追踪，反而导致核心人才流失。

4 这说明目标与业务属性错配——研发需要长期价值导向，但考核指标却停留在短期行为监控。诊断时需将业务特性、员工诉求、公司战略三者映射到考核体系中，找到断裂环节。

5 跨部门协作类目标（如市场部与产品部联合项目）的失败率高达 40%，这类复杂问题如何拆解？

6 先收集协作流程数据（如沟通频率、决策链路），再对比目标设定合理性（如是否忽略资源分配冲突），最后验证评估公正性（如是否存在责任归属模糊）。通过结构化分析，将模糊问题转化为可干预的要素组合。

AI 提问框架

通用提问公式 = 情境定位 + 问题核心 + 分析需求

描述绩效管理问题的组织背景、时间范围及现有条件，为 AI 提供分析语境。

情境定位

提问要素
- 组织特征：如团队规模为 50 人研发型团队、行业属性为连锁餐饮。
- 考核周期：如季度考核后员工申诉率上升 30%。
- 现有工具：如虽使用 OKR，但目标达成率低于行业均值的 15%。
- 关键限制：如预算有限，无法采购新系统。

提炼需 AI 诊断的具体绩效矛盾，需转化为可量化的描述。

问题核心

提问要素
- 矛盾点：如新老员工绩效差距扩大 25%。
- 异常数据：如连续 3 个季度创新项目得分与晋升率负相关。
- 主观痛点：如管理层认为考核"形式化"，但说不清原因。

明确 AI 需输出的诊断结果类型及决策支持方向。

分析需求

提问要素
- 诊断类型：如根因分析、相关性检验、流程瓶颈识别。
- 数据要求：如需对比近 3 年离职员工绩效轨迹。
- 落地建议：如提供 3 种调整考核权重方案并预估影响。

准备资料

要点	内容
历史绩效数据	过去 3 年考核结果，含评分分布、申诉记录等。
员工反馈文本	绩效面谈记录、满意度调查中的开放性问题等。
业务关联数据	销售额、项目周期、客户投诉量等。
现有制度文本	考核指标库、评分标准、申诉流程说明等。
管理目标	未来 6 个月将高绩效员工留存率提升 20%。

实战案例

**情境
定位**

我是某软件公司 HRBP，负责支持一个 120 人的产品研发中心（含前端、后端、测试团队）。公司去年将绩效考核模式从 KPI 切换为 OKR，但最新调研显示，65% 的工程师认为"考核与实际工作脱节"。近 3 个月核心产品迭代延期率达 40%，而同期竞品 A 公司上线速度提升 25%。

**问题
核心**

1. 目标错位：在 OKR 中，技术团队"技术预研"类目标占比 40%，但管理层认为应聚焦"客户需求响应"。
2. 评分异常：测试团队季度评分普遍高于开发团队，但产品问题率却上升 18%。
3. 反馈失效：绩效面谈中 70% 的员工表示"不清楚评分标准"，但制度文件已公示 3 个月。

**分析
需求**

请你协助我
1. 诊断 OKR 与业务结果的关联性（需对比产品延期率与目标完成度的相关性）。
2. 识别测试团队评分虚高的潜在原因（建议分析代码质量、问题修复时效等过程数据）。
3. 输出 3 套考核指标优化方案，要求至少包含 1 套"轻量级"调整方案（适用于不愿大改制度的管理层）。

注意事项

要点	内容
数据交叉验证	AI 诊断结果需与员工访谈、管理者沟通等定性数据对照。
避免过度简化问题	绩效问题往往多因一果（如流程复杂可能源于目标不清、工具落后、管理风格），需 AI 提供多维分析而非单一结论。
关注人性因素	AI 可能忽略管理者主观偏好、团队文化冲突等隐性因素，需结合实际场景补充判断。
保护隐私与合规	涉及员工个人数据时，须脱敏处理。
动态迭代诊断	绩效问题可能随业务变化而变化，需定期复盘诊断结果的有效性。

6.3 用 AI 查找员工绩效问题原因

问题情景

1 销售团队最近考核结果出来了，某区域连续两个季度未达标，但团队负责人反馈"员工每天加班到很晚，客户拜访量也达标了"，问题到底出在哪儿？

2 要查找绩效问题的根本原因，避免无效努力。比如，可能员工拜访的是低潜力客户，或沟通话术不专业导致转化率低。只有找到根源，才能让加班真正转化为业绩。

3 但员工说"客户总拒绝我们"，这怎么判断是能力问题还是市场问题？

4 需要交叉验证。比如，对比该区域与其他区域的客户成交率、平均成交周期、客户流失原因；再分析员工是否按标准流程跟进，如是否在拜访后 24 小时内提交需求分析报告。问题可能藏在未被记录的细节里。

5 如果诊断出是员工能力不足，但负责人说"招不到合适的人"，该怎么解决？

6 需进一步拆解能力短板。比如，是产品知识不足，还是谈判技巧弱？若发现"80% 的失败案例原因都是需求挖掘不足"，则可进行针对性培训或调整任务分配。原因必须具体到可改进的颗粒度上，而非停留在能力差的笼统结论上。

AI 提问框架

通用提问公式 = 问题场景 + 矛盾现象 + 归因需求

具体描述绩效问题的场景，帮助 AI 充分理解背景。

问题场景 →

提问要素
- 团队 / 岗位类型：如销售、研发、客服。
- 考核周期与指标：如季度 KPI、OKR 目标。
- 历史数据参考：如近 3 次考核结果、同比 / 环比数据。

明确"结果与预期不符"的具体表现，需聚焦可量化的冲突。

矛盾现象 →

提问要素
- 表面矛盾：如加班多但业绩差、客户反馈好但评分低。
- 潜在关联：如可能因任务分配不合理、考核标准未覆盖关键行为。
- 需避免的主观假设：如"员工偷懒"需转化为"需验证任务完成质量"。

说明希望 AI 输出的归因方向及成果类型，将需求转化为 AI 可执行的任务。

归因需求 →

提问要素
- 归因维度：如按流程、能力、资源、外部因素拆解。
- 对比要求：如与高绩效员工对比、与行业标准对比。
- 输出形式：如列出 Top3 根本原因、推荐 2 项针对性改进措施。

准备资料

要点	内容
过程数据	任务分配记录、工作日志、客户跟进记录等。
历史对比数据	同比 / 环比绩效变化、员工能力评级趋势等。
资源支持情况	培训记录、工具使用权限、团队协作模式等。
员工反馈	离职面谈记录、匿名调研结果等。
高绩效员工行为特征	沟通方式、时间分配、客户选择标准等。

实战案例

问题场景 → 我是某零售公司的绩效管理专员，负责华东区 50 名门店店员的绩效考核。20×× 年第 3 季度数据显示，A 门店店员人均销售额同比下滑 15%，但该门店日均客流量稳定，且员工反馈"已按公司要求执行促销活动"。此外，A 门店员工平均加班时长比其他门店高 30%，但转化率却低于区域均值 20%。

矛盾现象 → 1. 加班与业绩倒挂：员工加班多但销售额低。
2. 执行与结果矛盾：员工称"按标准执行"，但转化率差。
3. 资源利用低效：促销活动投入增加 10%，但销售额未提升。

归因需求 → **请你协助我**
1. 按流程（如接待流程、话术使用）、能力（如产品知识、客户需求挖掘）、资源（如促销物料分配、排班合理性）拆解数据，对比 A 门店与高绩效门店的差异。
2. 诊断"加班多但转化率低"的根本原因（如是否因无效加班导致员工疲劳、或因流程烦琐占用销售时间）。
3. 推荐 2 项改进措施（如优化排班表、调整促销话术培训），并说明预期效果（如减少 20% 无效加班、提升 10% 转化率）。

注意事项

要点	内容
避免归因于人	绩效问题可能源于流程设计缺陷（如审批环节冗余）、资源不足（如工具落后）或管理风格（如过度监控），需 AI 提供多维分析而非简单归咎于员工。
关注隐性因素	AI 可能忽略团队文化冲突（如老员工抵触新流程）、员工家庭压力等隐性因素，需结合实际场景补充判断。
保护员工隐私	涉及个人绩效数据时，须脱敏处理，避免输出敏感信息。
动态跟踪	绩效问题可能随业务变化而变化，需定期复盘归因结论的有效性。

6.4　用 AI 设计绩效改进方案

问题情景

1　我们客服团队上季度客户满意度从 92% 跌到 85%，团队负责人按常规做了话术培训和流程优化，但效果不明显，员工还抱怨"培训没用"。问题到底出在哪儿？

2　只有根据绩效问题针对性设计方案，才能实现精准绩效改进。比如，可能客户投诉集中在某个业务环节（如退换货流程复杂），或员工能力短板与任务需求不匹配（如情绪管理能力不足）。

3　不同员工的绩效问题差异很大，比如有人态度好但效率低，有人效率高但客户投诉多，怎么统一设计方案？

4　分层设计"共性 + 个性"方案。共性部分（如流程优化、工具升级）解决系统性问题；个性部分（如针对情绪管理能力弱的员工设计角色扮演培训）解决个体短板。方案必须刚柔并济，既解决流程漏洞，又补足能力缺口。

5　如果改进方案实施后员工抵触怎么办？比如抱怨"新流程增加工作量"？

6　可以在方案中加入激励设计，让员工看到改进与收益的直接关联。比如，将改进目标拆解为阶段性小任务，每完成一个任务给予即时奖励（如积分兑换额外休假）；同时明确改进后的工作量分配逻辑（如减少重复性工作）。

AI 提问框架

通用提问公式 = 问题定位 + 归因结果 + 方案需求

问题定位

说明产生绩效问题的具体表现及具体背景，帮助 AI 聚焦改进方向。

提问要素
- **问题类型**：如效率低、质量差、态度消极。
- **涉及岗位 / 团队**：如一线客服、销售代表、项目经理。
- **业务影响**：如客户流失、成本超支、项目延期。

归因结果

提供已诊断出的根本原因，作为方案设计的依据，确保 AI 方案对症下药。

提问要素
- **根本原因**：如客户投诉集中于退换货流程复杂。
- **关联因素**：如员工缺乏处理复杂问题的权限。
- **优先级排序**：如流程问题 > 能力问题 > 资源问题。

方案需求

说明希望 AI 输出的方案细节，确保方案可落地。

提问要素
- **方案类型**：如流程优化、培训计划、激励政策。
- **目标要求**：如 3 个月内客户满意度提升 5%。
- **约束条件**：如预算不超过 5 万元、不增加现有工作量。

准备资料

要点	内容
原始考核结果	KPI 得分、任务完成率、客户评价等。
归因分析结论	根本原因、关联因素、优先级排序等。
历史改进记录	过往方案的效果、离职面谈记录、匿名调研结果等。
业务背景	岗位职责与流程、资源支持情况、改进目标等。
约束条件	预算限制、时间限制、文化适配性要求等。

实战案例

问题定位

我是某电商公司的 HRBP，负责售后客服团队（50 人）的绩效管理。20×× 年第 2 季度数据显示，客户投诉率从 4.5% 上升至 7.2%，主要集中于"退换货流程复杂"（占比 60%），且"客服处理效率低"（平均处理时长从 15 分钟延长至 22 分钟）。团队负责人已组织 2 次话术培训，但员工反馈"培训内容与实际问题脱节"。

归因结果

1. 根本原因：退换货流程涉及 5 个部门审批，客服无直接处理权限。
2. 关联因素：员工缺乏跨部门沟通技巧，导致协调效率低。
3. 优先级：流程优化（解决 60% 问题）>能力提升（解决 30% 问题）>激励调整（解决 10% 问题）。

方案需求

请你协助我

1. 设计一套"流程优化 + 能力提升"的改进方案，要求如下。
·流程优化：3 个月内将退换货审批环节从 5 个减少至 2 个。
·能力提升：针对"跨部门沟通"设计情景模拟培训，覆盖 80% 员工。
2. 方案需包含以下 3 点。
·具体措施（如审批权限下放规则、培训课程大纲）。
·时间节点（如流程优化分 3 阶段实施，每月完成 1 个阶段）。
·成本估算（如培训费用、系统开发费用）。
3. 约束条件：预算不超过 8 万元，不增加现有客服工作量。

注意事项

要点	内容
交叉验证	AI 生成的方案需与业务负责人、员工代表讨论验证可行性。
文化适配	AI 可能忽略隐性文化冲突，需结合实际情况调整。
员工体验	改进方案可能增加短期工作量（如培训、适应新流程），需设计缓冲期（如分批实施、弹性考核）。
动态调整	绩效改进需持续跟踪（如若 1 个月后投诉率未下降，需重新分析原因并调整方案）。

6.5 用 AI 设计绩效反馈面谈提纲

问题情景

1 最近在做绩效反馈面谈时，发现很多管理者面对员工时思路混乱，要么避重就轻，要么过度批评，导致员工抵触情绪严重。怎么办呢？

2 绩效面谈的核心是通过结构化对话达成改进共识。如果没有掌握正确的绩效反馈面谈方法，管理者容易陷入主观情绪或遗漏关键环节。比如，是否提前分析了员工绩效数据，是否明确区分了行为描述和主观评价。

3 确实！我们有些管理者直接拿着考核表就开始面谈，员工听完只觉得"被审判"，后续改进效果也很差。有没有方法能帮管理者抓住绩效反馈面谈的重点？

4 需要设计一套标准化的提纲框架，比如先同步目标差距，再分析根因，最后协商行动计划。通过预设模块，既能避免情绪化表达，又能确保关键问题不被遗漏。

5 但不同岗位的员工差异很大，比如销售岗和技术岗的考核重点完全不同，统一的绩效反馈面谈模板会不会不适用？

6 这正是结构化提纲的价值——它不是机械套用，而是基于岗位特性设置差异化提问逻辑。比如销售岗需聚焦客户反馈数据，技术岗则需结合项目的里程碑进度，通过模块化组合适配不同场景。

AI 提问框架

通用提问公式 = 岗位特性描述 + 绩效痛点拆解 + 期望产出要求

岗位特性描述

明确被面谈员工的岗位细节，帮助 AI 理解对话场景。

提问要素

- **岗位类别**：如销售、研发、职能。
- **考核指标**：如销售额、代码交付量、流程效率。
- **业务场景**：如产品迭代周期、客户服务链路。

绩效痛点拆解

指出当前员工在绩效表现中的具体问题及管理难点，将模糊的"表现不佳"转化为可分析的具体问题。

提问要素

- **量化差距**：如季度目标达成率 65%、客户投诉率上升 20%。
- **行为表现**：如需求文档频繁返工、跨部门协作延迟。
- **管理者反馈盲区**：如不清楚离职倾向信号、未能识别能力短板。

期望产出要求

说明需要 AI 生成的提纲功能及形式，确保 AI 输出内容可直接应用于实际面谈场景。

提问要素

- **核心模块**：如目标回顾、问题分析、改进计划。
- **沟通技巧提示**：如"如何表达负面反馈、引导员工自我反思"。
- **输出形式**：如对话流程图、关键词清单、提问句式范例。

准备资料

要点	内容
员工绩效档案	包括目标设定表、考核结果、关键事件记录等。
岗位说明书	明确该岗位的核心职责和能力模型。
历史面谈记录	过往面谈中员工的高频问题及改进效果。
组织文化背景	公司对反馈方式的偏好。
管理者能力画像	面谈执行者的经验水平（新手需要更多话术指导）。

实战案例

岗位特性描述

我是某互联网公司 HRBP，负责支持技术部门中级工程师的绩效面谈。该岗位考核重点为代码交付质量（Bug 率 ≤ 3%）、项目准时完成率（≥ 90%）及技术文档完整性。当前团队采用敏捷开发模式，迭代周期为 2 周。

绩效痛点拆解

目标员工张三本季度表现

1. 交付质量不达标：代码 Bug 率为 5%，导致测试返工 3 次。
2. 协作效率低下：需求评审时未提前沟通技术难点，项目启动延误 2 天。
3. 态度风险信号：两次缺席团队复盘会，直属上级反馈其近期工作积极性下降。

期望产出要求

请你协助我生成一份绩效反馈面谈提纲，要求如下

1. 包含"问题澄清－根因探讨－改进承诺"。
2. 针对技术岗特性，提供代码质量提升的具体提问。
3. 设计化解抵触情绪的话术（如先认可其技术潜力，再引导反思协作问题）。
4. 输出行动计划模板，包含技术培训、代码审查机制等落地方案。

注意事项

要点	内容
数据准确性	需验证 AI 引用的考核标准是否与公司制度一致。
个性化调整	AI 生成的提问逻辑需结合员工性格微调。
合规性检查	涉及敏感信息（如离职倾向）的提问需符合法律法规。
文化适配	需考虑企业文化与价值观设计绩效面谈的提纲，便于员工接受。
更多内容	可以向 AI 多轮追问，细化绩效面谈提纲的细节或话术。

6.6　用 AI 模拟练习绩效反馈技巧

问题情景

1 我发现年轻员工对负面的绩效评价抵触情绪很强，几次沟通后反而影响了工作积极性，这种情况该怎么处理？

2 不同的沟通场景，应采取不同的绩效反馈方式。比如针对"90后"员工，可以从成长机会切入而非单纯结果评价。你可以要求 AI 模拟不同类型的员工反应，提前练习应对策略，锻炼自己的绩效反馈技巧。

3 有的员工绩效差距大但性格敏感，直接指出问题容易引发冲突，有没有更柔性的表达方式？

4 可以采用"情境 – 行为 – 影响"模型：先描述具体场景下的行为事实，再分析该行为对团队的影响，最后共同制定改进计划。

5 管理者容易陷入"要么过于严厉，要么回避问题"的两极化状态，如何把握绩效反馈的尺度？

6 核心是建立共识而非对立。练习时可以通过角色互换，模拟员工可能的辩解、质疑等反应，提前设计引导话术。比如当员工强调客观困难时，可以用"我理解存在 × × 限制，你认为哪些资源或支持能帮助突破现状？"

AI 提问框架

通用提问公式 = 角色设定 + 情境构建 + 练习目标 + 反馈需求

角色设定

明确参与模拟对话的双方身份特征，帮助 AI 理解对话的基本角度。

提问要素
- **管理者角色**：如直属领导、HRBP、高管。
- **被反馈者画像**：如新员工、老员工；敏感型、强势型。
- **关系背景**：如直接下属、跨部门协作、向上反馈。

情境构建

设定绩效反馈发生的具体场景与触发事件，提升练习针对性。

提问要素
- **绩效周期**：如季度考核、年度复盘、项目节点。
- **关键事件**：如业绩未达标、重大失误、创新贡献。
- **环境因素**：如裁员风波期间、晋升窗口期、团队重组时。

练习目标

明确希望通过模拟达成的能力提升点。

提问要素
- **沟通技巧**：如何开启负面反馈、应对员工哭泣、处理中途打断。
- **心理建设**：如保持情绪稳定、处理自身焦虑、建立谈话权威。
- **结构化表达**：如 BIC（行为、影响、后果）反馈模型。

反馈需求

要求 AI 提供的评估维度与改进建议。

提问要素
- **评估维度**：如语气友好度、逻辑严密性、共情表达。
- **改进方向**：如减少封闭式提问、增加数据引用、控制单次讲话时长。
- **对比参考**：如对比优秀反馈案例、显示话术优化前后效果。

准备资料

要点	内容
员工画像库	收集典型员工性格特征、沟通偏好、过往反馈反应记录等。
绩效案例集	整理历史反馈场景、关键对话片段、后续改进效果等。
话术模板库	企业现行反馈话术规范、行业标杆企业优秀实践等。
风险预案	预设高风险反馈场景的应对策略。

实战案例

角色设定 → 我是新任研发部经理，需要与工作 3 年的资深工程师王工进行绩效反馈。他连续两个季度代码评审得分偏低，但是他日常表现强势，曾因质疑评审标准在会议上当场离席。

情境构建 → 本次反馈发生在半年度考核周期末，触发事件是王工负责的核心模块出现重大 Bug 导致项目延期。近期团队正在进行敏捷开发转型，他公开反对代码互审制度，认为"浪费编码时间"。

练习目标 → 1. 我希望练习用"三明治反馈法"向王工传递负面评价，同时维护技术权威形象。
2. 我要应对可能出现的质疑评审标准、否定问题存在、直接离场等极端反应。
3. 我希望在 10 分钟内完成反馈并达成改进承诺签署。

反馈需求 → **请在接下来的时间里扮演王工与我对话，结束后，请你**
1. 分析我在本次对话中"数据引用"与"情感共鸣"的平衡度。
2. 标注所有可能引发对抗的敏感话术，并提供更好的替代表达。
3. 生成应对"沉默抵抗"和"激烈反驳"的备用话术库。

注意事项

要点	内容
角色互换	你可以要求 AI 扮演员工，也可以自己扮演员工，让 AI 扮演绩效反馈者，看 AI 回应你的话术，从中学习。
渐进式练习	可以从低风险场景（如表扬场景）逐渐过渡到高冲突场景，每次练习聚焦 1~2 个核心技巧。
过程记录留存	保存对话日志用于复盘分析，标注高频的沟通障碍点，重点练习。
隐私保护	模拟对话前对真实员工姓名、项目信息做脱敏处理。
结合真实反馈	将 AI 的评估结果与员工日常对你的真实反馈交叉验证。

6.7 用 AI 辅助制定绩效改进计划

问题情景

1 最近绩效复盘发现，团队中约 30% 的员工连续两个季度未达目标，但直接套用公司模板制定的绩效改进计划效果很差，员工要么敷衍执行，要么干脆抵触。问题出在哪里？

2 这说明绩效改进计划缺乏个性和可操作性。通过 AI 分析个体数据（如绩效波动原因、历史改进记录），可以生成"一人一策"的改进方案，提升计划落地率。

3 但不同岗位的绩效改进重点差异很大，而且场景各不相同，AI 能行吗？

4 当然可以。只需向 AI 输入岗位核心能力模型、员工当前能力雷达图，以及改进目标，AI 即可自动拆解任务、匹配资源，并生成清晰完整的绩效改进计划执行路径。不过，你输入内容的质量决定了 AI 输出内容的质量。

5 可是员工可能对绩效改进计划消极执行，或者执行过程中出现偏差，这种情况 AI 有办法应对吗？

6 可以通过要求 AI 在绩效改进计划中预设"里程碑检查点"，将员工的执行情况定期告知 AI，AI 可自动对比实际进展与目标差距，并生成预警报告。管理者可据此及时调整计划，避免问题积累。

AI 提问框架

通用提问公式 = 员工画像 + 改进目标 + 资源约束 + 计划生成需求

员工画像

描述员工详细的个体信息,帮助 AI 识别改进计划的个性化切入点。

提问要素
- **能力短板:** 如数据分析能力不足、跨部门协作意识弱。
- **行为倾向:** 如拖延症、过度追求完美。
- **历史改进记录:** 如曾尝试过哪些方法但失败。

改进目标

具体描述绩效改进的具体目标,避免 AI 生成的绩效改进计划与业务脱节。

提问要素
- **量化目标:** 如季度销售额提升 20%、代码缺陷率降低 30%。
- **优先级排序:** 如先解决态度问题,再提升技能。
- **关联性说明:** 如改进后对团队 KPI 的贡献。

资源约束

列出制定计划时可用的资源限制,确保方案可行。

提问要素
- **时间限制:** 如改进期为 3 个月,每月只能安排 2 天脱产培训。
- **预算限制:** 如培训预算不超过 5000 元。
- **权限限制:** 如无法调整组织架构,只能优化现有流程。

计划生成需求

指定 AI 需要生成的具体内容,将抽象需求转化为 AI 可执行的任务。

提问要素
- **任务拆解:** 如将目标拆解为周度任务,并标注责任人。
- **资源匹配:** 如推荐 3 种低成本培训方式。
- **风险预案:** 如若员工中途离职,如何快速交接改进计划。

准备资料

要点	内容
员工档案	能力评估报告、360 度反馈法记录、历史绩效数据等。
岗位说明书	岗位核心能力模型、KPI/OKR 定义、典型工作流程等。
资源清单	培训预算、内部导师名单、外部供应商合作条款等。
失败案例库	过往改进计划失败的原因分析。

实战案例

员工画像

员工小李，28 岁，入职 2 年，现任客户经理，历史绩效显示"客户拜访量达标但转化率低"（近 6 个月平均转化率为 12%，而团队均值为 18%），能力评估显示"需求挖掘能力"评分仅为 3 分（满分为 5 分），且存在"过度依赖标准化话术"的行为倾向。

改进目标

我希望小李的改进目标如下

1. 3 个月内将客户转化率提升至 18%。
2. 重点提升"需求挖掘"和"定制化方案能力"。
3. 改进计划需与季度业务冲刺目标（新增 5 家签约客户）挂钩。

资源约束

有如下资源约束条件

1. 培训预算不超过 3000 元。
2. 每月最多安排 1 天脱产培训。
3. 需优先使用内部资源（如销售总监作为导师）。

计划生成需求

请你协助我为小李制定绩效改进计划，有如下要求

1. 将改进目标拆解为周度任务。
2. 匹配低成本培训资源（如推荐 3 本销售图书、1 个在线课程）。
3. 设计里程碑检查点（如每周提交 1 份客户沟通录音，由导师反馈改进点）。
4. 生成风险预案（如若第 2 个月转化率未达 15%，启动"影子计划"让小李观摩高绩效员工的拜访过程）。

注意事项

要点	内容
动态调整	AI 生成的计划需根据员工实际进展每周微调，避免刻舟求剑。
人性关怀	对存在严重能力短板的员工，要给予必要的关怀和鼓励。
文化适配	AI 推荐的绩效改进计划可能不适合部分企业，需根据团队文化调整。
隐私保护	避免向 AI 透露员工个人隐私信息，需要做数据脱敏处理。

6.8 用 AI 设计技能提升方案

问题情景

1 我们公司最近裁撤了低效部门，留下来的员工绩效两极分化严重。部分老员工技能固化，新人又跟不上业务迭代速度，该怎么办？

2 这是企业转型期的典型痛点。低绩效员工不一定是态度或能力差，可能是技能与岗位需求脱节。只要有针对性地为这些员工提供技能提升方案，并实施得当，这些员工中就会有很多人转为高绩效员工。

3 我们试过让直线经理制定员工的技能提升方案，但得出来的方案要么太笼统（如加强沟通），要么脱离实际（如让车间工人学编程）。

4 传统的技能提升方式依赖主观判断，容易陷入头痛医头和经验至上的误区。技能提升方案要系统化实施，可以分 3 步：精准诊断技能缺口、设计阶梯式学习路径、匹配动态评估机制。

5 但诊断缺口需要大量数据，设计路径又耗时耗力，中小企业哪有资源做这种事？

6 可以用 AI 呀。AI 可以快速根据绩效问题完成员工技能缺口扫描，生成个性化学习地图，辅助提供学习资源，甚至可以预测培训后的绩效提升幅度，让方案从"拍脑袋"变成科学推演。

AI 提问框架

通用提问公式 = 情境定位 + 技能缺口清单 + 提升目标 + 资源约束

情境定位

具体描述当前情境，为 AI 提供分析基准。

提问要素
- 行业属性：如快消品区域销售团队、技术研发岗。
- 绩效问题具体表现：如客户续约率低于行业均值 15%、代码 Bug 率超标 30%。
- 时间跨度：如第 3 季度为冲刺阶段。

技能缺口清单

将低绩效问题拆解为可量化的技能项缺失，指导 AI 聚焦关键领域。

提问要素
- 硬技能缺口：如 Excel 数据透视表操作不熟练。
- 软技能缺口：如跨部门协作中冲突解决能力弱。
- 缺口优先级：如直接影响订单成交的技能优先提升。

提升目标

设定可衡量的提升标准，为 AI 提供评估方案有效性的标尺。

提问要素
- 量化指标：如 3 个月内客户投诉率下降 20%。
- 行为改变：如从被动接受需求到主动提出优化建议。
- 阶段划分：如第一阶段夯实基础，第二阶段进阶实战。

资源约束

明确可调动的培训资源，确保 A2 提供的方案可落地。

提问要素
- 时间预算：如每周最多投入 4 小时学习。
- 成本限制：如单人次培训费用不超过 500 元。
- 现有工具：如可调用内部学习管理系统、需依赖免费在线课程。

准备资料

要点	内容
员工绩效数据	近 6 个月绩效考核结果、项目复盘报告、客户反馈记录等。
岗位能力模型	岗位描述中要求的技能清单、高绩效员工行为特征等。
业务目标关联	未来 3~6 个月部门 KPI、战略重点等。
培训资源库	现有课程清单、内部导师名单等。

实战案例

情境定位

我是某 SaaS 企业华北区销售总监，管理 25 人团队，负责中大型企业客户拓展。近半年团队新客户签约率同比下降 18%。

技能缺口清单

1. 新人（占比 40%）硬技能缺口：产品演示逻辑混乱（客户留存率仅 35%，而行业均值为 52%）；竞品对比分析表制作耗时超 4 小时，错误率达 23%。
2. 老员工（占比 60%）软技能缺口：客户需求挖掘深度不足（平均单次沟通仅获取 1.2 个痛点，而行业均值为 2.7 个）；跨部门协作效率低（需技术部介入的方案平均响应周期为 5.8 天）。

提升目标

我期望达到的目标如下

1. 新人：1 个月内产品演示客户留存率提升至 45%，竞品分析表制作效率提升 50%。
2. 老员工：2 个月内单次沟通获取痛点数提升至 2 个，技术部响应周期缩短至 3 天。

资源约束

当前有如下资源限制

1. 时间：新人每周最多 6 小时培训，老员工每周 3 小时。
2. 成本：单人次培训预算不超过 800 元。
3. 工具：可调用内部知识库、外部付费课程平台。

请你基于上述信息和我提供的资料，协助我设计员工分阶段技能提升计划，包含具体培训形式（如模拟演练、案例库）、评估方式（如客户留存率跟踪）、资源分配建议，并预测每个阶段绩效改善幅度。

注意事项

要点	内容
动态校准	AI 生成的方案需结合实施后的员工反馈持续迭代。
避免替代人工	AI 可以提供建议，但关键决策需管理者介入。
隐性技能挖掘	AI 可能遗漏抗压、创新思维等软性能力，需人工补充评估。
长期跟踪	技能提升效果可能滞后 1~2 个绩效周期，需设定延期评估机制。

第 **7** 章

AI+绩效结果

绩效结果的应用是绩效管理的最终落脚点，它关系到员工激励、组织发展等多个方面。如何将绩效结果有效应用于薪酬发放与调整、股权激励、福利荣誉、晋升发展、选人用人、组织诊断、业务改进、调岗培训等各个领域，是管理者需要深入思考的问题。

AI 为绩效结果的应用提供了全面、精准的解决方案。从薪酬的合理发放与调整，到股权激励的精准设计；从福利荣誉的个性化分配，到晋升发展与选人用人的科学决策；从组织诊断与业务改进的深度分析，到调岗培训计划的针对性制定，AI 都能依据绩效结果提供智能建议，使绩效结果的应用更加科学、合理、有效，推动企业与员工共同发展。

7.1　用 AI 将绩效结果应用在薪酬发放中

问题情景

1　公司推行绩效管理后，薪酬发放争议频发。员工普遍反馈奖金计算缺乏透明依据，同一部门相似绩效的员工薪酬差异超过 20%，处理这类申诉耗费了团队大量精力，问题出在哪里？

2　根源在于绩效与薪酬的关联规则不够清晰。绩效结果可能包含业绩指标、能力评估、价值观考核等多个维度，但薪酬发放时未明确各维度的权重和换算逻辑，导致员工难以理解计算结果。

3　的确，我们有绩效评分细则，但实际操作中领导的主观调整权过大，比如季度评分 90 分和 85 分的员工，最终奖金差距可能被拉大到 30%。这种情况下如何保证公平性？

4　需要建立客观的"绩效 – 薪酬"对应规则。采用强制分布法（如分 A/B/C 档），每档对应固定奖金系数，并通过公式自动计算；同时限制管理者自由裁量权，仅允许在特殊贡献等场景下微调，且需备案说明。

5　但公司业务复杂，销售、研发、职能部门的绩效标准完全不同，统一规则会不会削弱激励效果？

6　要分别设计绩效与薪酬的对应关系和权重。比如研发岗以项目交付质量为核心指标，再通过统一的薪酬系数转换表衔接不同部门的绩效结果。

AI 提问框架

通用提问公式 = 场景锚定 + 核心矛盾 + 功能需求

明确绩效管理与薪酬发放的业务场景，帮助 AI 理解。

场景锚定

提问要素
- 组织规模：如团队人数、层级结构。
- 薪酬体系类型：如年薪制 / 提成制 / 项目奖金制等。
- 现有绩效评估规则：如考核周期、指标类型、数据来源。
- 特殊限制：如薪酬保密政策、合规要求。

提炼绩效结果与薪酬发放链路中的具体问题或优化目标，将抽象问题转化为可被 AI 处理的具体任务。

核心矛盾

提问要素
- 绩效数据整合难点：如跨系统数据孤岛、人工录入误差。
- 薪酬计算复杂度：如多维度权重叠加、动态调整规则。
- 员工痛点：如申诉高频问题、激励效果不足。

明确需要 AI 实现的具体功能类型及输出形式，确保 AI 输出可直接用于管理决策。

功能需求

提问要素
- 分析类需求：如绩效分布分析、薪酬成本模拟。
- 规则设计类需求：如"绩效 – 薪酬"映射模型、异常值预警逻辑。
- 输出形式：如可视化图表、计算公式、操作流程图。

准备资料

要点	内容
绩效数据	近期的绩效考核表、评分规则说明、历史申诉记录等。
薪酬结构	岗位工资标准、奖金分配细则、调薪政策文档等。
员工信息	岗位职级分布、绩效等级占比统计、薪酬满意度调研结果等。
对标数据	行业薪酬报告、竞品激励方案等。
业务约束	薪酬预算上限、合规红线等。

实战案例

场景锚定

我任职于一家 500 人规模的跨境电商公司，负责薪酬方面的工作。公司采用"基本工资 + 季度绩效奖金 + 年终分红"结构发的薪酬，绩效评估包含销售业绩（40%）、团队协作（30%）、创新贡献（30%）三个维度，数据来自 ERP 系统、360 度反馈法及项目台账。当前需解决销售与运营部门的薪酬矛盾：销售人员认为业绩占比过低，而运营人员抱怨协作评分主观性太强。

核心矛盾

1. 绩效数据整合低效：销售业绩数据需从 ERP 系统导出后手动核对，运营人员的协作评分依赖上级主观评价，导致核算周期长达 2 周。
2. 激励偏差：顶级销售人员因团队协作分低，季度奖金被扣减 15%~20%，已有 3 名骨干提出离职。
3. 合规风险：员工质疑评分黑箱，近半年薪酬申诉量增长 120%。

功能需求

请你协助我
1. 识别 ERP 系统中的异常交易记录（需提供相关数据）。
2. 建立销售与运营岗位的差异化"绩效 – 薪酬"权重模型。
3. 生成薪酬计算结果对照表，展示规则调整前后头部销售、新员工、管理者的收益变化。
4. 输出薪酬沟通话术模板，解释规则变更逻辑。

注意事项

要点	内容
解释可视	绩效评估标准与薪酬挂钩规则需提前公示，可以使用柱状图、瀑布图等展示"绩效分数→薪酬系数→最终奖金"的逻辑链路，降低理解成本。
数据校验	AI 生成的薪酬模型需抽样复核并对比历史数据，以防止算法偏差。
合规兜底	薪酬计算结果需符合相关法律法规，对于 AI 的建议需经法务审核。
渐进测试	新规则应小范围试点（如先选择 1 个部门尝试），根据员工反馈迭代。

7.2 用 AI 将绩效结果应用在薪酬调整中

问题情景

1 最近公司做薪酬调整时，业务部门负责人总抱怨"绩效好的员工调薪幅度不够，留不住人"，但财务部又要求控制总包成本，我夹在中间很难平衡。怎么办？

2 核心矛盾在于绩效结果与薪酬调整缺乏有效的联动机制。如果绩效 A 级员工调薪 5%、B 级员工调薪 3%，差距不明显。通过差异化调薪比例，如 A 级员工调薪 10%、B 级员工调薪 5%、C 级员工不调薪，能解决激励不足的问题。

3 但不同岗位绩效贡献差异很大，比如销售岗直接创收，研发岗研发周期长，职能岗没有量化成果，怎么设计统一的绩效与薪酬调整挂钩规则？

4 销售岗关联业绩达成率，超额部分按比例提成；研发岗挂钩项目里程碑（如产品上线周期）；职能岗关联团队目标贡献（如 HRBP 关联对应部门绩效达成率）。用岗位系数平衡差异，比如销售岗系数 1.2，研发岗系数 1，职能岗系数 0.8。

5 如果绩效评估存在主观偏差，比如部门负责人是个老好人，打分宽松，薪酬调整差异反而会引发公平性质疑，怎么解决？

6 可以用 AI 对比历史数据，包括横向对比（标记评分显著高于 / 低于其他部门的负责人）和纵向对比（分析某员工连续多季度绩效波动是否合理），再配合强制分布法，这样既能避免平均主义，又能防止主观"放水"。

AI 提问框架

通用提问公式 = 绩效薪酬现状 + 挂钩规则需求 + 风险控制需求

绩效薪酬现状

描述当前绩效评估与薪酬调整的关联方式及痛点，帮助 AI 理解制度背景。

提问要素

绩效评估周期：如半年度、季度、年度。

现有挂钩方式：如绩效等级仅作为调薪参考。

关键矛盾：如调薪幅度小导致激励不足。

挂钩规则需求

明确绩效结果与薪酬调整的具体关联逻辑，需量化、可操作，将模糊需求转化为 AI 可计算的规则。

提问要素

·调薪比例：如 A 级员工调薪 15%，B 级员工调薪 8%。

·岗位差异化规则：如销售岗超额提成比例。

·特殊情况处理：如新员工首年不参与强制分布。

风险控制需求

针对可能引发的争议或风险，提出预防或解决措施，提前规避制度漏洞，减少实施阻力。

提问要素

·主观偏差控制：如强制分布比例。

·员工沟通方案：如"绩效 - 薪酬"说明会模板。

·异常情况预案：如市场环境突变时的薪酬调整缓冲期。

准备资料

要点	内容
绩效评估数据	历史绩效评分与调薪记录、绩效评估标准、部门绩效分布数据等。
薪酬结构信息	当前薪酬构成、行业薪酬调研数据、薪酬调整预算范围等。
风险控制素材	员工对绩效制度的反馈、历史薪酬争议案例、管理者对制度实施的顾虑等。

实战案例

绩效薪酬现状 →

我是一家科技公司的人力资源总监，当前管理 500 人的团队（研发、销售、职能），采用年度绩效评估，但绩效结果仅作为调薪"参考"，未明确挂钩规则。20×× 年调薪后，A 级员工离职率达 18%（B 级员工离职率为 10%），核心矛盾是"高绩效者认为调薪幅度不足以体现贡献"。

挂钩规则需求 →

当前需要解决两大问题

1. 规则模糊：目前仅规定"A 级员工调薪幅度高于 B 级员工"，但未量化差异，导致执行混乱。

2. 激励不足：研发岗员工抱怨"项目周期长，但绩效评估只看里程碑，不看长期价值"。

风险控制需求 →

请你协助我

1. 设计规则：制定分层调薪比例（绩效 A 级员工、B 级员工、C 级员工的调薪比例）。为研发岗增加长期价值系数（如专利产出、技术影响力评分等）。

2. 控制风险：针对部门负责人评分宽松问题，设置绩效校准模型（对比历史评分与团队贡献）；针对"市场环境突变"，增加薪酬调整缓冲期（如经济下行时，允许延迟执行调薪）。

3. 提供沟通方案：生成"绩效 – 薪酬"说明会 PPT 大纲，重点解释"为什么 A 级调薪更高""如何避免主观评分"等员工可能关系的问题。

注意事项

要点	内容
规则透明	AI 生成的相关规则需通过管理层与员工代表会议确认后提前公示。
人工校验	针对异常结果（如某部门全员被评为 A 级），需人工复核绩效评估过程。
动态调整	每半年分析制度实施效果，根据员工反馈与业务变化调整挂钩规则。
人性化补充	对绩效 C 级员工，除不调薪外，需提供明确的改进路径；对绩效 A 级员工，增加非货币激励，避免过度依赖薪酬。

7.3　用 AI 将绩效结果应用在股权激励中

问题情景

① 我们公司今年想用股权激励留住核心人才，要设计股权激励规则，有没有可能将绩效结果和股权分配挂钩呢？

② 当然可以，失败的股权激励常脱离实际贡献，比如按职级平均分配，反而会打击积极性。应将绩效结果量化后与股权比例动态绑定，比如超额完成业绩目标可解锁额外期权，这样既能体现公平，又能驱动目标达成。

③ 但有些岗位（比如研发岗）的成果滞后，短期绩效难衡量，怎么平衡？

④ 可以通过"绩效蓄水池"设计：将长期项目拆解为阶段性里程碑，配套延迟兑现的股权。比如，研发人员每达成一个技术突破节点，可获得对应股权份额，这样既能解决滞后性问题，又能避免"一次考核定终身"的片面性。

⑤ 如果员工为了股权冲刺短期绩效，牺牲公司长期利益呢？

⑥ 可以设计"双向校准"机制。比如，在股权解锁条件中加入"战略协同分"，由上级评估其行为是否符合公司长期规划。绩效结果决定股权基数，"战略协同分"调节最终比例，这样既能激励当下，又能引导长期主义。

AI 提问框架

通用提问公式 = 业务场景定位 + 绩效 − 股权映射需求 + 约束条件说明

具体描述企业业务场景，帮助 AI 理解企业特殊性。

业务场景定位

提问要素
- **企业属性**：如初创科技公司、制造业转型期公司。
- **激励对象**：如核心研发团队、高管层。
- **现有方案痛点**：如股权分配与绩效脱节、员工对规则不信任。

明确希望 AI 解决的绩效结果与股权挂钩的具体问题，要将抽象需求转化为 AI 可计算的任务。

绩效 − 股权映射需求

提问要素
- **绩效数据类型**：如年度 OKR 完成率、项目里程碑达成数。
- **股权工具类型**：如期权、限制性股票。
- **挂钩逻辑**：如绩效排名前 20% 的员工额外获得 5% 股权池。

列出必须遵守的规则或限制，防止 AI 生成理想化但不可行的方案。

约束条件说明

提问要素
- **合规要求**：如需符合《上市公司股权激励管理办法》。
- **财务底线**：如年度股权支出不超过利润的 10%。
- **文化适配性**：如避免过度强调个人竞争，需保留团队协作权重。

准备资料

要点	内容
历史绩效数据	过往 3 年员工绩效考核结果等。
股权方案草案	现有股权激励计划文本等。
财务模型	公司估值、股权支付成本测算表等。
员工调研	核心人才对股权激励的期待与顾虑。
行业对标	同行业类似企业股权激励案例。

实战案例

业务场景定位

我公司是一家处于 Pre-IPO（拟上市）阶段的医疗 AI 企业，核心团队包括算法工程师（50 人）、医学专家（20 人）和销售团队（30 人）。当前股权激励方案按职级粗放分配（高管占 40%，中层占 30%，基层占 30%），导致多名技术骨干离职。现需优化方案，目标是通过绩效挂钩机制留住算法团队，并激励医学专家深度参与产品落地。

绩效–股权映射需求

请你协助我设计一套动态股权分配模型，要求如下

1. 绩效量化：将算法工程师的"模型准确率提升""专利产出数"转化为股权系数。
2. 分层激励：对医学专家设置"临床合作项目数""产品优化建议采纳率"等指标，达标后可解锁额外股权。
3. 风险对冲：若销售团队未完成年度营收目标，全体员工股权解锁比例下浮 10%。

约束条件说明

1. 合规性：需符合对股权激励的监管要求。
2. 财务约束：年度股权支出成本不超过净利润的 8%。
3. 文化适配：避免"唯绩效论"，需保留 10% 股权由首席执行官自由分配给有突出贡献者。

同时请你为我提供以下三点内容

1. 不同岗位的股权分配公式及示例。
2. 绩效指标与股权系数的敏感性分析（如模型准确率每提升 1%，股权系数增加多少）。
3. 3 种备选方案的风险收益对比。

注意事项

要点	内容
解释透明	对员工公开股权计算逻辑。
人文缓冲	对绩效边缘员工设置人工复议通道。
法律闭环	生成的股权方案需由法务逐条审核。
文化测试	通过员工访谈验证方案是否与企业文化兼容。

7.4 用 AI 将绩效结果应用在福利荣誉中

问题情景

1 我们公司每年绩效评估后，很多员工说"所有努力都是为拿年终奖"，高绩效员工觉得奖金发完就结束了，我感觉这种氛围不太对，但又说不上来哪里不对。

2 绩效结果应当与员工长期的切身利益相关。绩效管理的终极目标是驱动员工行为改变，如果绩效结果仅停留在评分或奖金分配上，员工将很难感知到高绩效的长期价值。

3 我明白了！确实如此，问题出在绩效结果与员工长期的切身利益脱节。可是，怎么建立二者的相关性呢？

4 可以将绩效结果与中长期的福利、荣誉等挂钩（如晋升优先权、培训资源倾斜、定制化健康计划），能让员工持续地、直观地看到从努力到回报的闭环。

5 我们曾尝试将绩效与晋升绑定，但领导觉得主观评价占比过高，担心引发争议。

6 可以客观绩效数据（如 KPI 达成率）占 80%，主观评价（如跨部门协作反馈）占 20%。同时，福利荣誉可设计为弹性组合，比如高绩效员工可选择弹性工作时间或家庭关怀礼包，从而既降低争议风险，又满足个性化需求。

AI 提问框架

通用提问公式 = 业务背景 + 核心痛点 + 应用需求

业务背景 →

描述企业当前绩效管理体系的运行状态，帮助 AI 理解企业现状。

提问要素
- ·绩效管理工具：如 OKR、KPI、360 度反馈法。
- ·现有福利荣誉体系：如奖金、培训、荣誉证书。
- ·员工反馈痛点：如绩效与晋升脱节、低绩效员工无改进路径。

核心痛点 →

明确当前绩效结果应用中存在的具体问题，需聚焦于从结果到行动的断层，锁定问题本质。

提问要素
- ·痛点类型：如高绩效员工留存率低、低绩效员工改进动力不足。
- ·影响范围：如影响 30% 技术团队、导致年度离职率上升 5%、
- ·主观猜测：需转化为可量化描述，如将"员工认为绩效不公平"改为"绩效评分与直属领导主观评价相关性达 70%"。

应用需求 →

明确希望通过 AI 实现的具体目标，需包含"绩效结果 - 福利荣誉"的映射逻辑。

提问要素
- ·应用场景：如设计销售岗专属福利包。
- ·资源限制：如预算不超过人均 2000 元 / 年。
- ·预期效果：如高绩效员工留存率提升 10%、低绩效员工改进率提升 20%。

准备资料

要点	内容
绩效管理数据	近 2 年绩效评估结果、绩效改进计划执行率等。
现有福利体系	福利清单、荣誉奖励规则等。
员工调研结果	近半年员工满意度调研中关于"绩效应用"的负面反馈。
管理目标	企业希望优先解决的痛点。

实战案例

业务背景

我公司是一家 500 人规模的互联网公司，采用"OKR+KPI 双轨制"考核，考核周期为季度。现有福利体系包括年终奖、年度体检、培训预算（人均 5000 元／年），荣誉奖励仅限于"年度优秀员工"（占比 5%）。员工反馈"绩效结果仅影响奖金，对职业成长无帮助"，导致高绩效员工主动离职率上升 12%。

核心痛点

1. 高绩效激励不足：技术岗高绩效员工更关注"技术能力提升"，但现有福利中仅有 20% 预算用于外部培训，且需跨部门申请。
2. 低绩效改进乏力：连续两季度绩效评分低于 70 分的员工占比 15%，但缺乏明确的"改进－淘汰"机制，导致团队平均效能下降 8%。
3. 福利分配不透明：员工认为"年度优秀员工"评选标准模糊，且福利资源（如海外培训）仅向管理层倾斜。

请你协助我

1. 设计技术岗高绩效员工的"能力成长福利包"（如行业认证考试费用报销、技术峰会参与权），并测算人均成本。
2. 建立低绩效员工的"3 个月改进计划"，包含阶段性目标（如每月绩效提升 5%）、资源支持（如导师辅导）及退出机制。
3. 优化"年度优秀员工"评选规则，将绩效结果占比提升至 60%，并设计差异化福利（如高绩效员工可选"带薪休假"或"家庭旅游补贴"）。

注意事项

要点	内容
动态调整	福利荣誉方案需每半年根据员工反馈优化。
公平性验证	AI 生成的方案需通过小范围试点。
沟通前置	福利荣誉规则调整前需与员工代表沟通。
资源适配	福利预算需与企业实际财务状况匹配。

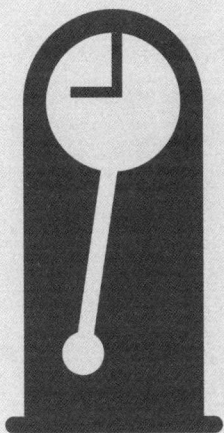

DeepSeek

赋能人力资源管理

（随书赠阅）

第

1

章

认识Deepseek

新技术不断涌现，为人力资源工作带来了全新的机遇与挑战。Deepseek作为一款具有强大功能的工具，正逐渐成为人力资源从业者手中的得力助手。它究竟有着怎样的独特魅力？又该如何正确且高效地运用它？接下来，就让我们一同深入探索Deepseek的奥秘，先从了解它是什么开始。

1.1 Deepseek 是什么

DeepSeek 诞生于 2023 年 7 月 17 日，背后有着深厚的技术与资源支撑。其研发公司杭州深度求索人工智能基础技术研究有限公司由量化投资领域的幻方量化创立。

在自然语言理解与生成方面，它支持多轮复杂上下文对话，无论是知识问答还是情感交流都能轻松应对。同时，在文本生成上，它能够撰写文章、邮件、代码、营销文案等，无论是创意写作还是结构化内容生成均不在话下，堪称文案工作者和文字工作者的得力助手。

DeepSeek 通过强大的语言理解、知识处理与内容生成能力，能够无缝融入人力资源从业者的日常工作中，成为瞬间理解你意图、响应你需求的"超级助手"。

DeepSeek 为人力资源管理工作的赋能？主要体现在以下几个关键维度。

1 解放双手：自动化繁琐文书，释放核心精力

（1）告别文档苦海：撰写员工通知、政策解读、培训材料、绩效评估反馈、会议纪要……这些占据大量时间的文书工作，DeepSeek 可以在几秒内生成高质量初稿。HR只需提供核心要点或简单指令，即可获得结构清晰、语言专业的文本，大大节省时间，减少重复劳动。

（2）信息提炼专家：面对堆积如山的简历、冗长的员工调研报告、复杂的政策文件，DeepSeek 能快速阅读并精准提炼核心要点、关键数据和重要结论。HR 无需逐字阅读，瞬间掌握全局，将精力聚焦于人才甄别和决策分析上。

（3）沟通效率倍增器：无论是回复员工咨询的标准化邮件，还是撰写内部公告或企业文化宣传文案，DeepSeek都能快速生成得体、清晰的沟通内容，确保信息传递的一致性和专业性。

2 提升人才管理效能：更精准、更高效、体验更优

（1）智能招聘加速器：根据岗位核心要求，快速生成更具吸引力和准确性的职位描述，有效提升职位曝光度和候选人质量；辅助 HR 快速浏览大量简历，识别与岗位要求匹配的关键技能和经验，显著缩短筛选周期；生成针对特定岗位的结构化面试问题库或情景模拟题，提升面试的专业性和效率。

（2）培训发展新引擎：根据培训主题和目标，快速生成培训 PPT 大纲、讲解脚本、知识要点甚至随堂测试题，极大缩短课程开发周期；轻松将复杂的政策文件或操作手册转化为通俗易懂的员工学习指南或常见问题答疑；

（3）绩效与发展赋能者：提供撰写建设性绩效反馈的思路和建议，帮助管理者更清晰、客观地表达评估结果和发展期望；根据员工绩效表现或岗位发展路径，辅助生成个性化的能力提升建议或学习资源推荐。

3 深化员工体验与洞察：听见"员工心声"，构建温暖连接

（1）7×24 智能员工顾问： 构建基于 DeepSeek 的问答助手，嵌入公司内部平台（如企业微信／钉钉）。员工可随时自助查询政策、福利、流程等常见问题（如年假怎么休、医保报销范围、入职流程是什么等），获得即时、准确的解答。这不仅大幅减轻 HR 事务性咨询压力，更提升了员工的满意度和服务体验。

（2）员工心声"聆听者"：利用 DeepSeek 强大的文本分析能力，自动处理和分析来自开放式调研问卷、内部论坛讨论、离职面谈记录等海量非结构化文本。它能快速识别员工普遍关注的话题、情绪倾向（积极／消极）、主要诉求甚至潜在风险点，为 HR 提供以往难以获取的、深度的员工体验洞察，为改进管理、提升留任率提供数据支持。

（3）政策沟通桥梁：轻松将复杂的规章制度转化为员工易于理解的说明文档或图文解读，确保政策有效传达和落地。

4 增强决策支持：从数据到洞察，从经验到智能

（1）定性信息挖掘：将散落在员工反馈、访谈记录中的宝贵定性信息，自动转化为可分析的结构化数据（如高频关键词、主题分类、情感分布），弥补纯定量数据的不足，让人才决策依据更全面、更深入。

（2）知识库：作为 HR 随身携带的"智库全书"，随时解答 HR 在劳动法规、薪酬福利设计、新兴 HR 趋势等方面的疑问，提供案例参考和思路启发，辅助专业判断和方案设计。

1.2　高效使用 Deepseek 的 5 大黄金法则

深入探索 Deepseek 助力人力资源管理之前，掌握其高效使用的方法至关重要。遵循以下 5 大黄金法则，能让你充分挖掘 Deepseek 的潜力，使其成为人力资源管理工作中的得力助手。

1 明确需求，精准指令

明确需求是与 Deepseek 有效交互的基础。在人力资源管理场景中，模糊的指令往往无法得到满意的结果。

例如，若你简单地问"帮我制定一个招聘计划"，Deepseek 可能给出一个通用性的框架，无法贴合企业特定的岗位需求、预算限制及时间安排。

相反，精准的指令应像这样："我是一家互联网公司的人力资源经理，要为新成立的大数据研发团队招聘 5 名数据分析师。预算为招聘总费用 10 万元，时间周期为从发布招聘信息起 1 个月内完成招聘流程。请为我制定详细的招聘计划，包括招聘渠道选择、各阶段时间节点、筛选标准以及预算分配方案。"

通过清晰阐述身份、任务详情、限制条件及期望结果，Deepseek 能生成高度定制化的方案，满足实际工作需求。

2 提供背景，助力理解

为 Deepseek 提供充分的背景信息，能使其更好地理解问题的来龙去脉，从而给出更具针对性和价值的回答。

以制定员工培训计划为例，若仅说"为员工制定培训计划"，Deepseek 难以知晓员工的现有技能水平、岗位需求、企业未来发展方向等关键因素。

但如果补充背景信息："我们是一家传统制造业企业，近期决定向智能制造方向转型。现有员工大多从事基础生产操作，对自动化设备和工业软件的了解有限。为了推动企业转型，提升员工技能，使他们能够适应新的工作要求，请制定一份为期一年的员工培训计划，涵盖技术培训、管理培训等方面，针对不同岗位层级设计差异化的培训内容。"

这样详细的背景描述，能让 Deepseek 依据企业实际情况，规划出切实可行的培训路径，助力企业顺利实现转型目标。

❸ 拆分问题，逐步攻克

人力资源管理中常面临复杂问题，将其拆分成多个小问题，分阶段向 Deepseek 提问，是高效解决问题的策略。

比如在进行组织架构调整时，若直接询问"如何对公司进行组织架构调整"，得到的回答可能过于宽泛，缺乏可操作性。

若将问题拆分，首先问"基于我们公司目前的业务范围和发展战略，初步判断组织架构调整的方向和重点模块有哪些"。

接着针对重点模块，如销售部门，询问"销售部门在新的组织架构下，如何优化团队设置以提高销售业绩，包括团队规模、岗位分工等方面的建议"。

然后再探讨调整过程中的人员安置问题，如"在组织架构调整中，涉及部分岗位变动的员工，如何进行合理的岗位调配和再培训计划"。

逐步深入提问能引导 Deepseek 为组织架构调整提供全面且细致的方案。

❹ 规范格式，便于应用

在向 Deepseek 提问时，明确输出格式要求，能让结果更符合使用习惯，便于后续应用。例如在撰写人力资源报告时，你可以这样要求："请以 PPT 大纲的格式，为我梳理上季度公司人力资源各项指标的分析报告，包括员工招聘数量、离职率、培训完成率等关键指标，每个指标需配有简要分析和可视化建议，如柱状图、折线图等的使用说明。"

这样，Deepseek 生成的内容可直接作为 PPT 制作的基础框架，大大提高工作效率。

又比如在进行薪酬数据分析时，要求"将各部门不同岗位的薪酬数据以 Excel 表格形式呈现，包括岗位名称、平均薪酬、薪酬范围、与市场水平对比情况等，方便我进行进一步的数据处理和分析"，规范的格式输出有助于快速对接后续工作流程。

5 及时反馈，持续优化

Deepseek 的回答并非总是一次就能完全符合预期，此时及时反馈并引导其优化答案十分关键。当得到的结果存在不足时，不要放弃，而是进一步提出明确的改进要求。

比如在让 Deepseek 设计员工福利方案后，若觉得方案中对年轻员工的吸引力不足，可反馈："你给出的员工福利方案整体较为全面，但针对公司年轻员工占比较高的特点，希望能增加一些如弹性工作制度、线上学习资源、团队户外拓展等更受年轻人欢迎的福利项目，并重新评估预算分配，确保在不超支的前提下提升方案对年轻员工的吸引力。"

不断反馈和优化能让 Deepseek 给出的方案越来越贴合实际需求，为人力资源管理工作提供更优质的支持。

遵循这 5 大黄金法则，你将在与 Deepseek 的交互中如鱼得水，使其高效地服务于人力资源管理的各项工作，从繁琐的事务中解放出来，专注于更具战略性和创造性的任务。

1.3 使用 Deepseek 的 5 大注意事项

在借助 Deepseek 高效推进人力资源管理工作时，除了掌握使用技巧，还需留意一些关键事项，才能确保其应用的准确性与有效性，充分发挥工具价值。

1 避免盲目依赖，保持独立思考

Deepseek 虽能提供丰富的方案与建议，但它终究是基于数据和算法生成内容，无法完全替代人力资源管理者的专业判断与经验。

在招聘环节，Deepseek 可能根据岗位关键词和常见筛选标准，推荐出符合条件的候选人名单。然而，某些候选人可能拥有潜在的创新能力或与企业文化高度契合的特质，却因未在简历中突出体现相关关键词，而被算法遗漏。

因此，在参考 Deepseek 建议的同时，管理者必须结合企业实际情况、岗位特殊需求以及面试过程中的直观感受，对结果进行二次评估与筛选，始终保持独立思考的能力，避免被工具所左右。

2 结合企业实际，适配方案落地

Deepseek 给出的人力资源管理方案往往具有一定的通用性，若直接照搬，可能无法契合企业的实际情况。

以绩效考核方案为例，Deepseek 提供的模板可能适用于大多数企业，但不同企业的发展阶段、业务模式、员工构成等存在差异。新兴创业公司更注重激发员工的创新与开拓精神，而成熟的大型企业可能强调稳定与流程规范。

所以，当使用 Deepseek 生成的方案后，需深入分析企业自身的发展战略、团队特点和管理风格，对方案进行调整和优化，确保其能够在企业内部顺利落地实施，真正起到提升管理效能的作用。

3 关注数据时效性，及时更新信息

人力资源管理领域的数据处于动态变化之中，无论是劳动力市场的薪酬水平、行业人才供需情况，还是企业内部的人员流动、岗位需求，都在不断变动。

Deepseek 依据历史数据和模型生成的分析与建议，若基于过时的数据，可能会导致决策失误。例如，在制定薪酬策略时，如果参考的是几个月前甚至更久之前的行业薪酬数据，给出的薪酬方案可能无法吸引到优秀人才。

因此，在使用 Deepseek 时，务必定期更新企业内部数据，并关注外部市场的最新动态，将最新、最准确的信息输入工具，以获取更具时效性和价值的结果。

4 多方验证结果，确保内容质量

Deepseek 输出的内容并非百分之百准确，尤其在一些复杂的人力资源问题上，可能存在信息偏差或逻辑漏洞。

在制定员工职业发展规划时，Deepseek 提供的晋升路径和培训建议，可能因对企业内部晋升机制和员工个人潜力的了解不够全面，而缺乏可行性。

为了规避这类风险，在获得 Deepseek 的结果后，我们应通过多种渠道进行验证。可以与部门负责人沟通，了解实际业务需求；参考行业内的成功案例；组织内部研讨会，听取同事的意见和建议，通过多方验证，提高内容的可靠性和质量。

5 **保护企业信息，合理控制输出**

在使用 Deepseek 过程中，不可避免会涉及到企业内部信息，如组织架构、薪酬体系、员工绩效等敏感数据。

在向 Deepseek 提问时，尽量避免输入涉及机密的内容，防止将包含敏感信息的内容误传或泄露。对于一些重要且敏感的人力资源管理决策，可先对相关信息进行脱敏处理，再借助 Deepseek 辅助分析，确保企业信息安全。

第 **2** 章

Deepseek
在人力资源核心职能中的应用

在充分认识了 Deepseek 之后，我们迎来了更为关键的部分——如何将 Deepseek 切实应用到人力资源管理的核心职能中。人力资源管理工作涵盖规划、招聘、培训、绩效、薪酬福利以及员工关系等多个重要方面。Deepseek 能够为这些核心职能的开展提供强大助力，让我们的工作更加高效、精准。接下来，就让我们看看具体要如何将它应用在各个核心职能中。

2.1 Deepseek 助力人力资源规划与驱动决策

人力资源规划是人力资源管理的起点与核心，它关乎企业战略目标的落地和未来人才的供需平衡。传统的人力资源规划往往依赖于历史数据、有限的市场信息和经验判断，过程繁琐、周期长，且难以应对快速变化的市场环境。

DeepSeek 能高效整合内外部海量信息，模拟多种情景，为 HR 提供数据驱动的洞察和可执行的规划方案，显著提升规划的精准性、前瞻性和效率。

场景一：组织战略解码与人力需求预测

痛点：企业战略调整时，HR 部门难以快速量化人力需求，导致招聘滞后或资源浪费。

解决方案：通过分析企业战略文件、业务目标及历史人力数据，Deepseek 可自动提取关键指标，结合行业对标数据，生成未来 3~5 年的人力需求预测模型。

提示词示例如下。

1. 战略目标解析："请分析以下战略文件（附件），提取核心业务目标，并转化为可量化的人力需求指标。"

2. 人力需求预测："基于公司历史人力数据（附件）及行业平均人力投入产出比（附件），结合 20XX 年营收增长 30% 的目标，预测未来 12 个月各部门的岗位需求，并生成优先级排序。"

3. 风险预警："若市场环境变化导致营收增长目标下调至 20%，重新预测人力需求，并标注可能冗余的岗位及技能。"

场景二：人才供需匹配与外部人才市场洞察

痛点：招聘部门难以实时掌握外部人才市场动态，导致招聘周期长、候选人质量低。

解决方案：通过爬取招聘网站、行业报告及社交媒体数据，Deepseek 可实时分析人才供需趋势、薪酬水平及技能缺口，为招聘策略提供数据支撑。

提示词示例如下。

1. 人才市场分析："请抓取近 6 个月'人工智能工程师'岗位在北上广深的招聘数据（附件），分析平均薪资、技能要求及企业规模分布，并标注竞争最激烈的 3 家企业。"

2. 技能缺口识别："结合公司未来 3 年技术规划（附件），对比当前员工技能矩阵（附件），识别出'云计算架构''自然语言处理'等领域的技能缺口，并推荐外部培训资源。"

3. 招聘策略优化："若公司计划在 20XX 年第 2 季度启动'海外市场拓展'项目，请分析目标国家（如新加坡、印尼）的本地化人才政策及招聘渠道，提出差异化招聘方案。"

场景三：组织效能诊断与决策支持

痛点：HR 难以通过传统报表发现组织效能瓶颈，导致资源分配不合理。

解决方案：通过整合 HR 系统数据及业务数据，Deepseek 可构建组织效能分析模型，识别低效环节并提出改进建议。

提示词示例如下。

1. 效能瓶颈分析："请分析 20XX 年第 3 季度各部门'人均产出''项目交付周期'及'员工离职率'数据（附

件），识别出效能最低的 3 个部门，并标注可能原因。"

2. 资源优化建议："若公司计划将 20XX 年人力成本控制在预算的 95% 以内，请基于当前效能数据，提出部门间人员调配方案及培训资源分配建议。"

3. 决策模拟："若对'销售部'实施'弹性工作时间'政策，请模拟未来 6 个月对员工满意度、业绩及人力成本的影响，并生成风险评估报告。"

用 Deepseek 重塑人力资源规划，能够实现从经验驱动到数据驱动，整合多源数据，消除信息孤岛，使规划决策更科学；从静态预测到动态调整，监控内外部环境变化，自动更新预测模型，提升规划敏捷性；从被动响应到主动干预，通过效能诊断与风险预警，提前识别问题并制定应对策略。

2.2　Deepseek 助力高效精准人才招聘与选拔

在人才竞争日益激烈的当下，招聘效率与精准度成为企业核心竞争力的重要体现。传统招聘流程依赖人工筛选简历、主观面试评估，存在效率低、成本高、标准不统一等问题。Deepseek 可深度解析候选人信息、优化招聘流程、提升评估科学性。

场景一：智能简历解析与精准人岗匹配

痛点：大量简历人工筛选耗时且易遗漏关键信息，导致优质候选人流失。

解决方案：通过解析简历文本结构（如教育背景、工作经历、项目成果），结合岗位JD（Job Description）中的硬性要求（如学历、技能）与软性要求（如沟通能力、团队协作），Deepseek可以自动计算候选人与岗位的匹配度，并生成可视化报告。

提示词示例如下。

1. 简历结构化提取："请解析以下简历（附件），提取关键字段：最高学历、工作年限、核心技能、项目经验。"

2. 人岗匹配度计算："基于岗位JD（附件）中要求的'3年以上Java开发经验'、'熟悉Spring Boot框架'、'具备团队管理经验'，计算候选人张三（简历见附件）的匹配度，并标注优势与不足。"

3. 优先级排序："根据收到的50份'数据分析师'岗位简历（附件），请根据岗位JD（附件）中的'硬性要求'（如学历、证书）与'软性要求'（如逻辑思维、抗压能力）进行匹配度排序，并筛选出前10名候选人。"

场景二：AI面试官与候选人深度评估

痛点：面试官经验差异导致评估方法和标准不统一，且难以全面考察候选人的隐性能力（如抗压能力、学习能力）。

解决方案：Deepseek生成统一的面试问题和评估标准，分析候选人的面试表现和能力水平，并生成多维评估报告。

提示词示例如下。

1. 面试问题生成："针对'产品经理'岗位，生成5道结构化面试题，需覆盖需求分析、团队协作及创新能力。"

2. 能力画像生成："基于候选人李四的面试表现（附

件）及简历数据（附件），生成其能力画像，标注优势领域与待提升领域，并推荐个性化培训建议。"

场景三：招聘效能分析与流程优化

痛点：HR 难以量化招聘效果，导致流程优化缺乏数据支撑。

解决方案：Deepseek 通过整合招聘渠道数据（如简历来源、转化率）、面试官反馈及候选人评价，生成招聘效能仪表盘，识别低效环节并提出改进建议。

提示词示例如下。

1. 渠道效果分析："分析 20XX 年第 3 季度'Java 开发工程师'岗位的招聘数据（附件），对比不同渠道（如 BOSS 直聘、猎聘）的简历投递量、面试通过率及入职率，标注最优渠道并给出预算分配建议。"

2. 面试官效能评估："基于面试官王五在 20XX 年的面试记录（附件），计算其平均面试时长、候选人通过率及入职转化率，并对比部门平均水平，标注需改进的评估维度。"

3. 流程优化建议："若'数据分析师'岗位的招聘周期长达 45 天（附件），请分析流程瓶颈，并提出优化方案。"

Deepseek 能够重塑招聘与选拔，从人工筛选到智能匹配，通过 AI 技术替代重复性工作，释放 HR 生产力；从单一维度到多维评估，结合显性能力与隐性特质，提升选拔精准度。

2.3 Deepseek 助力快速个性培训与人才发展

在知识更新加速、业务需求快速迭代的背景下，传统的培训模式已难以满足员工个性化发展需求。Deepseek 可精准分析员工能力短板、动态匹配学习资源，推动人才发展从被动接受转向主动赋能。

场景一：员工能力画像构建与技能差距分析

痛点：企业难以全面、动态掌握员工能力现状，导致培训需求分析依赖主观判断，资源分配低效。

解决方案：通过整合员工履历数据（如教育背景、项目经验、培训记录）、绩效评估结果及日常沟通记录（如邮件、会议纪要），Deepseek 可自动生成多维能力画像，并对比岗位胜任力模型，精准识别技能差距。

提示词示例如下。

1. 能力画像生成："基于员工王芳的简历（附件）、近 12 个月绩效评估报告（附件）及参与的 3 个项目文档（附件），构建其能力画像，标注核心技能及对应熟练度（1~5 级）。"

2. 技能差距对比："将王芳的能力画像与'高级产品经理'岗位胜任力模型（附件）进行对比，标注技能缺口，并量化差距程度。"

3. 群体分析报告："针对技术部全体员工（数据见附件），生成技能差距热力图，标注高频技能短板，并推荐优先级最高的 3 项培训课程。"

场景二：个性化学习路径推荐与资源智能匹配

痛点：员工学习需求差异大，传统培训课程难以兼顾个性化与系统性，导致学习效果参差不齐。

解决方案：基于员工能力画像、职业目标及岗位发展路径，Deepseek 可自动推荐定制化学习计划，并从企业知识库、外部公开课及行业报告中智能匹配学习资源。

提示词例如下。

1. 学习路径规划："根据员工李明的当前能力画像（附件）及职业目标，结合公司技术晋升通道（附件），生成其未来 12 个月的学习路径，需包含必修课程与选修方向。"

2. 资源智能匹配："为李明推荐 3 门匹配其学习路径的课程，需满足以下条件……"

3. 动态调整机制："若李明在 3 个月后能力画像更新，重新调整其学习路径，删除已掌握技能的课程，并新增'云原生架构设计'相关资源。"

场景三：培训效果评估与人才发展闭环

痛点：培训效果评估依赖考试或满意度调查，难以量化能力提升与业务贡献，导致人才发展缺乏闭环。

解决方案：通过对比培训前后员工能力画像、绩效数据及项目成果，Deepseek 可量化培训投资回报率，并联动晋升、调薪等人才管理决策。

提示词例如下。

1. 效果量化分析："对比员工赵雷在参加'数据分析进阶'培训前（20XX 年 Q1）与培训后（20XX 年 Q3）的能力画像（附件），计算其'数据建模'技能熟练度提升幅度，并关联同期绩效评分变化。"

2. 业务影响追踪："分析赵雷在培训后主导的'用户留存优化'项目（附件），量化培训对业务指标的贡献。"

3. 人才发展联动："基于赵雷的培训效果评估结果（附件），生成其晋升建议及下一阶段发展计划。"

Deepseek 重塑培训与人才发展，从标准化到个性化，通过能力画像与智能推荐，满足员工差异化需求；从知识灌输到能力转化，通过智能陪练与实战模拟，缩短能力提升周期；从孤立培训到生态闭环，通过效果评估与人才联动，驱动组织能力升级。

2.4　Deepseek 助力绩效管理从流程到价值创造

传统绩效管理常陷入目标设定脱离战略、过程反馈滞后、评估依赖主观判断，导致员工动力不足、组织目标难以落地等困境。Deepseek 通过目标智能拆解、过程动态追踪、评估科学化及结果价值转化，能够推动绩效管理从考核工具升级为价值创造引擎。

场景一：战略目标智能拆解与个人目标对齐

痛点：企业战略难以有效分解至部门与个人，导致目标断层与执行偏差。

解决方案：Deepseek 能够解析企业战略文档（如年度规划、董事会报告），结合组织架构与岗位说明书，自动拆解战略目标至部门级 KPI 及个人 OKR，并生成目标对齐关系图。

提示词示例如下。

1. 战略目标解析："解析公司 20XX 年战略文档（附件），提取核心战略方向，并标注优先级（高／中／低）。"

2. 部门级 KPI 生成："基于战略方向'提升客户留存率至 85％'，为客服部生成 3 项 KPI，需包含：量化指标、过程指标、创新指标。"

3. 个人 OKR 对齐："为客服部员工李娜生成与部门 KPI 对齐的 OKR，需满足……"

场景二：绩效评估科学化与公平性优化

痛点：评估依赖主观打分，易受近因效应、光环效应等影响，导致员工质疑公平性。

解决方案：通过多源数据融合（如目标完成度、同事 360 度评价、客户反馈）与算法校准，Deepseek 可生成客观、多维的绩效评估结果，并自动识别异常评分（如某管理者对下属打分普遍偏高）。

提示词示例如下。

1. 多源数据融合评估："综合以下数据对员工赵敏进行绩效评估（附件）：目标完成度；同事 360 度评价；客户净推荐值评分；历史绩效对比。"

2. 异常评分识别："分析技术部管理者陈辉对下属的绩效评分（附件），标注异常值（如对所有下属打分 ≥ 4.5/5），并生成校准建议。"

3. 评估报告生成："生成赵敏的绩效评估报告，需包含：综合评分、优势领域、待改进领域、发展建议。"

场景三：绩效结果价值转化与人才发展联动

痛点：绩效结果仅用于薪酬调整，未与晋升、培训等人才决策深度联动，导致激励效果有限。

解决方案：通过关联绩效数据与人才发展系统，Deepseek 可推荐晋升候选人、培训资源及职业路径，并模拟不同激励方案对组织效能的影响。

提示词示例如下。

1. 晋升推荐："基于 20XX 年度绩效评估结果（附件），筛选出符合晋升'高级产品经理'条件的候选人，需满足：连续两年绩效排名前 10%；主导过至少 1 个营收超 500 万的项目；通过'领导力潜力测评'（评分 ≥ 4.2/5）。"

2. 培训资源匹配："为绩效评估中'创新提案数量不足'的员工生成培训计划，推荐课程包括：内部课程、外部资源、实践模拟。"

3. 激励方案模拟："模拟以下激励方案对 20XX 年销售团队绩效的影响：方案 A：超额奖金比例从 10% 提升至 15%；方案 B：新增'年度 TOP10'海外旅游奖励；输出预测结果。"

Deepseek 重塑绩效管理价值，从模糊拆解到精准对齐，通过智能拆解与可视化对齐，确保战略穿透力；从主观评判到数据决策，通过多源数据融合与算法校准，提升评估公信力；从单一用途到生态联动，通过结果价值转化，驱动人才发展与组织效能双提升。

2.5 Deepseek 助力薪酬福利管理与数据分析

薪酬福利管理是人力资源管理的核心环节，却常陷入数据孤岛、决策滞后、公平性争议等困境。Deepseek 通过整合内外部薪酬数据、模拟福利方案效果、量化薪酬公平性，能推动薪酬福利管理从被动执行转向战略驱动。

场景一：薪酬竞争力分析与市场对标

痛点：企业难以实时掌握市场薪酬动态，导致薪酬水平滞后于行业，引发人才流失风险。

解决方案：通过抓取公开薪酬数据（如行业报告、招聘网站）、整合内部薪酬数据库，Deepseek 可自动生成薪酬竞争力分析报告，并标注与市场基准的差距及优化建议。

提示词示例如下。

1. 市场薪酬数据整合："抓取近半年'互联网行业－人工智能算法工程师'岗位的薪酬数据（来源：某招聘平台、第三方薪酬报告），提取关键指标（如 P50 薪酬、P75薪酬、热门城市差异）。"

2. 内部薪酬对标："将公司算法工程师岗位薪酬（附件，含职级、司龄、绩效等级）与市场 P50 薪酬进行对标，标注：整体竞争力、职级差异、绩效影响。"

3. 薪酬优化建议："基于对标结果，生成薪酬优化方案，需包含：短期调整和长期策略。"

场景二：福利方案智能设计与员工满意度预测

痛点：福利设计依赖传统调研，员工参与度低，福利成本高但满意度低。

解决方案：通过分析员工历史福利选择数据、社交媒体讨论及离职访谈记录，Deepseek 可预测员工对不同福利方案的偏好及满意度，并生成个性化福利组合。

提示词示例如下。

1. 福利偏好分析："分析公司近 3 年福利选择数据（附件），标注高频福利及低参与率福利。"

2. 满意度预测模型："基于福利偏好数据及离职访谈记录（附件），构建福利满意度预测模型，输入以下变量：福利成本、福利类型、输出预测结果。"

3. 个性化福利推荐："为 30~35 岁已婚员工生成福利组合建议，需包含：必选福利、可选福利、预算分配。"

场景三：薪酬公平性量化与风险预警

痛点：薪酬分配依赖主观判断，易引发内部公平性质疑，导致团队凝聚力下降。

解决方案：通过分析薪酬数据（如职级、绩效、性别、司龄）与岗位价值评估结果，Deepseek 可量化薪酬公平性，并预警潜在风险（如性别薪酬差距、同岗不同酬）。

提示词示例如下。

1. 薪酬公平性分析："对比技术部与市场部同职级（P5）员工的薪酬数据（附件），标注：部门间差异、性别差异、绩效关联性。"

2. 风险预警报告："生成薪酬公平性风险预警报告，需包含：高风险领域、风险等级、整改建议。"

3. 薪酬调整模拟："模拟以下调整方案对薪酬公平性的影响：方案 A，将女性 P5 薪酬提升至男性同级 95% 水平；方案 B，统一绩效系数计算规则，减少主观评分影响；

输出结果。"

Deepseek可以重塑薪酬福利管理价值，从经验决策到数据驱动，通过实时市场对标与内部数据分析，提升薪酬竞争力；从标准化福利到个性化体验，通过员工偏好预测与福利组合设计，提升员工满意度；从被动合规到主动公平，通过薪酬公平性量化与风险预警，降低组织风险。

2.6 Deepseek助力员工关系管理与氛围营造

员工关系管理与氛围营造是企业可持续发展的基石。Deepseek能够将员工反馈、行为数据转化为可量化的洞察，推动员工关系和氛围营造从被动响应转向主动预防。

场景一：冲突预警与员工关系风险识别

痛点：员工矛盾常因缺乏早期干预而升级，导致团队效率下降甚至人才流失。

解决方案：通过分析内部沟通记录（如邮件、即时通讯工具）、员工满意度调查文本及离职访谈记录，Deepseek可识别高风险对话模式（如情绪化表达、负面关键词）、部门间协作摩擦点，并生成预警报告。

提示词示例如下。

1.高风险对话识别："分析销售部与技术部近3个月协作邮件（附件），标注以下内容：负面情绪关键词、冲突升级信号、涉及人员及频次。"

2.离职风险预测："基于离职员工访谈记录（附件），

提取高频离职原因，并预测当前员工中可能存在高离职风险的人员。"

3. 冲突预警报告："生成员工关系风险预警报告，需包含：高风险部门、关键矛盾点、干预建议。"

场景二：员工敬业度与文化认同度分析

痛点：传统敬业度调查依赖问卷，数据滞后且易受主观影响，难以反映真实文化认同。

解决方案：通过分析员工在内部论坛、社交媒体、匿名反馈平台的文本数据，Deepseek可量化员工敬业度（如对工作价值感的认可）、文化认同度（如对价值观的践行程度），并关联业务结果（如客户满意度、项目交付效率）。

提示词示例如下。

1. 敬业度文本分析："分析员工在内部论坛'工作感悟'板块近半年的发帖（附件），标注：正面情感关键词、负面情感关键词、敬业度评分。"

2. 文化认同度评估："对比员工日常行为数据与企业文化价值观（附件），评估各部门文化认同度，标注高认同部门和低认同行为。"

3. 业务关联性分析："关联敬业度与文化认同度数据与业务结果，生成可视化报告，标注需重点改进的领域。"

场景三：员工心声倾听与组织氛围优化

痛点：员工反馈渠道分散，管理层难以全面掌握员工真实需求，导致改进措施脱节。

解决方案：通过整合匿名反馈、座谈会记录、员工调研数据，Deepseek可提炼员工核心诉求（如职业发展、工作生活平衡），并生成组织氛围优化方案（如调整晋升机制、引入弹性工作制）。

提示词示例如下。

1. 员工诉求聚类分析："对近半年员工匿名反馈（附件）进行主题聚类，标注高频诉求及关联部门。"

2. 组织氛围诊断："结合员工诉求与业务数据，诊断组织氛围健康度，标注优势领域和改进领域。"

3. 氛围优化方案："生成组织氛围优化方案，需包含：短期措施、长期策略、效果预测。

Deepseek 能够重塑员工关系与文化建设价值，从被动响应到主动预防，通过风险预警与冲突识别，降低员工关系危机成本；从模糊感知到精准量化，通过文本分析与数据关联，将文化软实力转化为硬指标；从单向传播到行为驱动，通过个性化内容与标杆案例，推动价值观落地；从分散反馈到系统优化，通过心声整合与氛围诊断，提升组织健康度。

第
3
章

Deepseek
提升人力资源管理工作效率

经过对 Deepseek 在人力资源核心职能中应用的了解，我们已然见识到它为工作带来的诸多积极改变。而提升工作效率，一直是人力资源管理追求的重要目标之一。Deepseek 不仅能在核心职能上发挥作用，更能在日常工作的多个方面，帮助我们节省时间、减少繁琐流程，从而让整个人力资源管理工作更加高效有序。接下来，就让我们一同看看 Deepseek 是如何在生成报告、整合数据以及生成文档等方面，为提升工作效率贡献力量的。

3.1 Deepseek生成各类人力资源管理报告

人力资源管理报告是战略决策与日常运营的关键依据，但以往HR做报告依赖人工数据整合与模板填充，存在耗时低效、数据滞后、洞察浅表等问题。Deepseek可自动化生成覆盖招聘、培训、薪酬、员工关系等模块的深度报告，并嵌入趋势预测与策略建议。

报告类型一：组织健康度诊断报告

痛点：组织问题依赖管理者主观判断，难以量化文化健康度、协作效率与风险隐患。

解决方案：Deepseek能整合员工行为数据（如协作频率、知识共享次数）、文化价值观践行数据，生成组织健康度诊断报告，标注优势领域与改进方向。

提示词示例如下。

1. 协作效率分析："分析跨部门协作记录（附件），标注高协作效率团队和低协作效率环节。"

2. 文化践行度评估："对比员工行为与文化价值观（附件），标注高践行度行为和低践行度行为。"

3. 风险预警与策略建议："生成组织健康度预警报告（附件），标注高风险领域和改进策略。"

报告类型二：人力资源战略规划报告

痛点：战略规划依赖历史数据与经验，难以预测未来人才需求与成本变化。

解决方案：Deepseek能结合业务目标（如营收增长、新市场拓展）、人才流动预测、薪酬市场趋势，生成人力资源战略规划报告，标注人才缺口、成本预算与关键举措。

提示词示例如下。

1. 人才需求预测："关联公司20XX年业务目标与历史人才数据（附件），标注关键岗位需求和人才获取策略。"

2. 成本预算模拟："基于薪酬市场趋势（附件）与业务增长预期，模拟未来3年人力成本，标注薪酬成本增幅和成本优化空间。"

3. 战略举措与里程碑："生成人力资源战略规划，需包含短期举措和长期目标。"

报告类型三：招聘效能分析报告

痛点：招聘数据分散在多个系统（如招聘平台、ATS、面试反馈表），难以量化招聘效率与质量，导致人才流失风险。

解决方案：Deepseek能整合招聘渠道数据、候选人评估记录、新员工绩效数据，生成招聘效能分析报告，标注渠道投资回报率、人才匹配度及流失预警。

提示词示例如下。

1. 渠道效果对比："对比近半年招聘渠道数据（附件，含岗位、渠道、简历量、入职人数），标注转化率最高的渠道和成本效益最优的渠道。"

2. 人才匹配度分析："关联候选人面试评分（附件）与新员工6个月绩效数据（附件），标注高匹配度岗位和低匹配度环节。"

3. 流失预警与改进建议："基于新员工离职数据（附件），生成流失预警报告，标注高流失风险岗位和改进建议。"

报告类型四：培训效果评估报告

痛点：培训效果依赖学员主观反馈，难以量化知识转化与行为改变，导致培训资源浪费。

解决方案：结合培训签到记录、课后测试成绩、业务数据（如项目交付效率、客户满意度），Deepseek 能生成培训效果评估报告，标注投资回报与改进方向。

提示词示例如下。

1. 知识掌握度分析："对比培训前后测试成绩（附件），标注提升显著的课程和需优化的课程。"

2. 行为改变量化："关联培训内容与业务数据（附件），标注培训后行为改善案例和无显著改变的领域。"

3. 投资回报计算与优化建议："基于培训成本（附件）与业务收益（附件），计算培训投资回报，并生成优化建议。"

Deepseek 能够重塑人力资源报告价值，从手工整合到自动化生成，通过多源数据整合，缩短报告生成周期；从静态描述到动态预测，通过趋势分析与模拟，推动前瞻性决策；从数据罗列到洞察驱动，通过关联分析与策略建议，提升报告决策价值。

3.2 Deepseek 整合分析多源人力资源管理数据

人力资源管理数据分散在招聘系统、培训平台、考勤工具、绩效系统、薪酬模块等多个独立系统中，导致 HR

难以形成全局视角，决策依赖片段化信息而非系统性洞察。Deepseek 可打破数据孤岛，实现从数据整合到深度分析的全链路赋能。

场景一：招聘与绩效数据关联分析，优化人才筛选标准

痛点：招聘环节侧重学历、经验等显性条件，但入职后绩效表现与招聘评估的关联性未被量化，导致"招错人"成本高昂。

解决方案：用 Deepseek 整合招聘系统中的候选人评估数据（如笔试成绩、面试评分）与绩效系统中的实际工作表现数据（如项目完成率、客户满意度），生成招聘 – 绩效关联分析报告，标注高匹配度人才特征与低效筛选环节。

提示词示例如下。

1. 人才匹配度分析："关联近一年招聘数据（附件，含岗位、候选人评估结果）与绩效数据（附件，含绩效评分、项目成果），标注高匹配度和低匹配度的情况。"

2. 筛选标准优化建议："基于关联分析结果，生成招聘筛选标准优化建议，例如增加环节或降低权重。"

3. 高潜人才预测："结合候选人背景数据（附件，如项目经验、技能标签）与历史高绩效员工特征，预测当前候选人中可能成为高潜人才的人员。"

场景二：薪酬与绩效数据关联分析，构建公平激励体系

痛点：薪酬调整依赖主观评估或简单工龄、职级规则，未与绩效贡献深度挂钩，导致"大锅饭"现象或核心人才流失。

解决方案：用 Deepseek 整合薪酬系统中的薪资数据（如基本工资、奖金）与绩效系统中的评估结果（如 KPI

完成率、360度反馈），生成薪酬－绩效关联分析报告，标注薪酬公平性风险与激励优化方向。

提示词示例如下。

1. 内部公平性诊断："对比同职级员工薪酬（附件）与绩效评分（附件），标注薪酬与绩效倒挂案例和过度激励案例。"

2. 激励效果评估："关联薪酬调整记录（附件）与后续绩效变化（附件），标注有效激励措施和无效激励措施。"

3. 薪酬体系优化建议："基于分析结果，生成薪酬体系优化方案。"

场景三：员工行为与文化数据关联分析，推动价值观落地

痛点：企业文化传播依赖口号与活动，员工日常行为与价值观的关联性未被量化，导致"文化两张皮"现象。

解决方案：用Deepseek关联员工行为数据（如协作频率、知识共享次数）与文化价值观践行数据（如匿名反馈、价值观评估），生成行为－文化关联分析报告，标注文化践行标杆与改进领域。

提示词示例：

1. 价值观践行度分析："对比员工日常行为数据（附件，如跨部门协作记录）与文化价值观，分析价值观践行情况。"

2. 文化标杆案例挖掘："从行为数据中筛选符合价值观的案例，生成可传播的故事模板。"

3. 文化落地策略："基于分析结果，生成文化落地策略。"

Deepseek 能够重塑多源数据整合分析价值，从数据孤岛到全局视角，通过跨系统数据关联，打破信息壁垒；从主观判断到数据验证，通过量化分析验证管理假设，降低决策风险；从单向传递到双向优化，通过业务结果反向优化管理流程，形成闭环。

3.3　Deepseek 快速生成与更新标准化流程文档

在人力资源管理中，标准化流程文档是确保管理一致性、降低合规风险的核心工具。然而，传统文档编写依赖人工经验，存在更新滞后、表述模糊、版本混乱等问题，导致执行效率低下或操作偏差。Deepseek 可自动化生成标准化流程文档，并实时响应政策、业务或组织结构变化进行动态更新。

场景一：招聘流程标准化文档生成与优化

痛点：招聘流程分散在多个角色（如 HR、用人部门、面试官）的沟通记录中，缺乏统一文档，导致候选人体验不一致、面试效率低下。

解决方案：用 Deepseek 基于招聘系统数据、过往面试记录及合规要求，生成招聘全流程标准化文档，涵盖从需求审批到入职管理的全环节，并标注关键控制点与合规风险提示。

提示词示例：

1. 全流程文档生成："根据以下信息生成招聘流程标

准化文档：招聘需求审批流程（附件）；候选人筛选标准（附件）；面试环节安排（附件）；合规要求（附件）。文档需包含：流程图、各环节操作指南、合规风险提示。"

2. 流程优化建议："基于历史招聘数据（附件：面试周期、候选人流失率），生成流程优化建议。"

场景二：培训流程标准化文档生成与迭代

痛点：培训流程依赖线下沟通与临时通知，缺乏系统性文档，导致培训计划执行混乱、资源浪费或效果评估缺失。

解决方案：用 Deepseek 整合培训需求分析、课程设计、讲师安排与效果评估数据，生成培训全流程标准化文档。

提示词示例：

1. 培训全流程文档生成："根据以下信息生成培训流程标准化文档：培训需求分析流程（附件）；课程设计与开发标准（附件）；培训实施与评估流程（附件）。文档需包含：流程图、各环节操作指南、效果评估标准。"

2. 迭代机制设计："基于培训效果数据（附件），生成培训流程迭代建议。"

场景三：员工关系处理标准化文档生成与合规管理

痛点：员工关系问题（如离职谈判、劳动纠纷）依赖个人经验处理，缺乏标准化流程，导致处理结果不一致或法律风险。

解决方案：用 Deepseek 关联劳动法条款、历史案例库与内部政策，生成员工关系处理标准化文档，涵盖从问题分类到解决方案的全流程，并标注法律风险与话术模板。

提示词示例：

1. 问题分类与流程生成："根据以下信息生成员工关

系处理标准化文档：问题分类标准（附件）；法律条款库（附件）；历史案例库（附件）。文档需包含：流程图、各环节操作指南、法律风险提示。"

2. 话术模板库："生成员工关系处理话术模板库。"

场景四：绩效管理流程标准化文档生成与目标对齐

痛点：绩效目标设定、评估与反馈依赖主观判断，缺乏标准化流程，导致目标模糊、评估不公或激励失效。

解决方案：用 Deepseek 关联业务目标、岗位说明书与历史绩效数据，生成绩效管理全流程标准化文档，涵盖从目标设定到结果应用的各环节，并嵌入目标对齐工具。

提示词示例：

1. 绩效全流程文档生成："根据以下信息生成绩效管理标准化文档：目标设定流程（附件）；评估标准（附件）；结果应用规则（附件）。文档需包含：流程图、各环节操作指南、目标对齐工具。"

2. 目标对齐建议："基于业务目标（附件：公司年度战略规划）与岗位说明书（附件），生成目标对齐建议。"

Deepseek 能够重塑流程文档管理价值，从人工编写到自动生成，通过数据关联与结构化分析，缩短文档编写周期；从模糊执行到标准化操作，通过流程图、操作指南与合规提示，提升执行一致性。

7.5　用 AI 将绩效结果应用在晋升发展中

问题情景

1　最近我们公司的员工晋升评审会上出现矛盾，业务主管觉得小王业绩好应该获得晋升，但 HR 发现小王带团队能力明显不足，这种情况该怎么平衡？

2　员工晋升不是"绩效结果拍卖会"，不能只看数字不看潜力。有效的晋升应该像拼图，绩效是边缘轮廓，能力是核心色块，缺一不可。

3　我们试过让主管填员工的能力评估表，结果要么全打高分，要么写"需加强"，根本用不了。

4　绩效是过去式，晋升是未来式。你们需要建立"绩效 – 能力双维模型"，用历史数据预测未来表现。比如连续三年超额完成目标但未晋升的人，80% 可能存在能力短板或动力不足。

5　那如果有人绩效达标但能力确实不够呢？直接否决晋升怕打击积极性。

6　这时候绩效结果成了发展诊断书。把晋升拆解为当前就位和未来储备两个池子，绩效达标但能力不足的人才放入储备池，配套定制化培养计划。这样既能保证晋升公平性，又能把人才缺口转化为发展投资。

AI 提问框架

通用提问公式 = 绩效数据整合 + 晋升标准映射 + 发展路径推演

绩效数据整合

将分散的绩效结果转化为结构化分析素材，建立晋升决策的数据地基。

提问要素
- 时间维度：如近 3 年各季度绩效。
- 评价维度：如目标达成率、跨部门协作评分。
- 异常标注：如连续 2 个季度排名末位的 10%。

晋升标准映射

将岗位晋升要求拆解为可量化的能力指标，并与绩效数据关联。

提问要素
- 岗位画像：如团队管理者需具备目标拆解、冲突解决能力。
- 绩效关联项：如高潜力人才需连续 2 年绩效前 20%。
- 否定项：如发生过重大合规事故一票否决晋升。

发展路径推演

基于绩效与能力差距，生成个性化发展建议，将晋升决策从终点判断转为过程投资。

提问要素
- 差距类型：如战略思维不足、执行力过剩。
- 干预方式：如轮岗实践、导师制。
- 效果预测：如 6 个月专项培训后管理能力提升概率。

准备资料

要点	内容
历史绩效档案	含评分记录、360 度反馈法报告、项目成果清单等。
晋升标准	各职级能力模型、晋升硬性条件等。
人才发展记录	过往培训参与度、晋升面谈反馈、离职面谈数据等。
业务战略文档	未来 3 年组织架构调整计划、关键岗位人才储备需求等。

实战案例

绩效数据整合

我公司是一家 500 人规模的制造企业，近 3 年销售团队绩效数据存在"两极分化"：前 10% 的销售人员贡献 40% 的业绩，但末位 20% 的销售人员连续 3 年未达标。需整合的数据包括（提供相关数据）

· 20×1 年 ~20×2 年季度销售目标达成率（按区域 / 产品线拆分）。

· 客户满意度调查中"专业度""响应速度"单项评分。

· 跨部门协作事件记录（如"因技术问题导致客户投诉"）。

晋升标准映射

当前晋升大区经理岗位需要满足以下条件

1. 连续 2 年绩效为前 15%。

2. 主导过 2 个以上跨部门项目。

3. 下属晋升率 ≥ 30%。

如果实际晋升者中仅有 40% 及以下满足全部条件，请你协助我验证

1. 现有标准是否与离职率 / 业绩增长相关？

2. 若放宽"司龄 ≥ 3 年"要求，对团队稳定性影响几何？

发展路径推演

请你协助我为以下两类人群设计发展方案

1. 高绩效低潜力型：连续 3 年绩效 Top 但未晋升（占比 5%）。

2. 中绩效高潜力型：绩效中等但 360 度反馈法"战略思维"突出。

同时需输出以下内容

1. 针对性培养计划（如"高潜力型"匹配高管导师）。

2. 晋升时间表建议（如"低潜力型需 18 个月转型期"）。

注意事项

要点	内容
数据清洗	绩效数据中若存在领导特批加分、团队共享成果等非个人贡献，需提前剔除。
人工干预	AI 可能推荐不同的晋升发展方案，但最终选择需结合员工个人职业规划。
动态校准	每季度用新晋升人员表现反推模型准确性。

7.6 用 AI 将绩效结果应用在选人用人中

问题情景

1 最近在做晋升评估时发现，高绩效员工普遍集中在技术岗，但管理岗候选人储备严重不足。明明绩效数据很完整，但选人时还是凭主观经验，怎么才能科学匹配呢？

2 看来你们有数据在沉睡。绩效结果不仅是评价工具，更是人才画像的原材料。比如，可以从技术岗高绩效员工的行为数据中提炼领导力潜质（如跨部门协作频率、项目统筹得分），再与管理岗能力模型做匹配，实现精准筛选。

3 但有些员工绩效波动很大，比如上半年被评为 A 级，下半年跌到 C 级，这种情况该怎么用数据？

4 动态数据反而更有价值。绩效稳定性、成长曲线斜率、压力场景表现（如冲刺期目标完成率）都能反映抗压性和适应力。比如某员工在业务转型期仍能保持 80% 以上的目标完成率，可能更适合开拓型岗位。

5 业务部门总抱怨 HR 推荐的人纸上谈兵，实际带团队时频频掉链子。这种情况怎么办呢？

6 这是能力模型与业务场景脱节。举个例子，销售管理岗需要客户资源转化和团队激励双重能力，但现有评估只关注个人业绩。若能结合绩效数据中的老客户续约率和组内新人成长速度，就能筛选出更贴合实际需求的人选。

AI 提问框架

通用提问公式 = 岗位画像定义 + 绩效数据拆解 + 决策目标

岗位画像定义

明确目标岗位的核心能力要求及业务场景特征，将抽象岗位需求转化为 AI 可识别的结构化标签。

提问要素
- **能力维度：**如数据分析、跨部门沟通、危机应对。
- **业务场景：**如新市场开拓、存量客户深耕。
- **成功标准：**如季度营收增长 20%、团队流失率低于 5%。

绩效数据拆解

提供可分析的员工绩效数据集及关键行为指标，帮助 AI 建立"能力 - 行为 - 结果"的关联模型。

提问要素
- **数据类型：**如历史绩效等级、项目贡献度、360 度反馈法得分。
- **行为标签：**如协作频率、创新提案数量、高压任务完成率。
- **时间颗粒度：**如季度 / 年度数据、关键事件节点表现。

决策目标

明确需要 AI 输出的结论类型及落地约束条件（如将需求从"选对人"转化为"在 × × 条件下，推荐满足 A、B、C 标准的 Top3 人选并说明依据"）。

提问要素
- **筛选逻辑：**如优先顺序（如潜力 > 经验、稳定性 > 爆发力）。
- **限制条件：**如薪资带宽、编制数量、地域适配性。
- **输出形式：**如人才九宫格矩阵、岗位匹配度评分、发展建议清单。

准备资料

要点	内容
岗位能力模型	目标岗位的职责说明书、能力评估表等。
绩效数据集	近 2 年员工绩效结果、项目参与记录、关键事件评价等。
业务场景清单	如海外业务拓展需应对文化差异、技术团队急需提升迭代速度等。
约束条件	编制数量、预算范围、用人紧急程度等。

实战案例

岗位画像定义

我需要为集团新设立的"数字化运营总监"岗位筛选内部候选人。该岗位核心职责包括① 搭建数据中台，3 个月内实现业务部门数据调用效率提升 50%；② 协调技术、市场、供应链部门推进智能决策系统落地；③ 培养 5 名具备数据分析能力的下属。能力优先级为：系统规划能力（权重 40%）、跨部门影响力（权重 30%）、团队培养经验（权重 30%）。

绩效数据拆解

现有数据如下（需提供相关数据）

1. 近三年绩效考核结果（含 20 名潜在候选人的季度评级）。
2. 项目履历（如主导过数据平台搭建、跨部门协作项目数量）。
3. 360 度反馈法中的"资源整合""创新意识""抗压性"得分。
4. 直属下属晋升率、跨部门任务响应速度等行为数据。

决策目标

请根据上述信息和我提供的相关资料，协助我

1. 按"系统规划 > 跨部门影响力 > 团队培养"的权重，计算候选人匹配度 Top5 名单。
2. 标注每位人选的风险点（如缺乏万人以上规模企业的系统搭建经验）。
3. 针对匹配度 70~80 分的候选人，提供 3 条能力提升建议（如参与供应链数字化转型项目补足经验短板）。

注意事项

要点	内容
数据校准	剔除无效数据（如全员打分制导致的老好人虚高评分）。
权重验证	先用历史晋升成功案例反向测试 AI 模型准确性。
人工干预	AI 建议需经民主评议（如团队投票）和实际场景测试（如临时项目带队）。

7.7 用 AI 将绩效结果应用在组织诊断中

问题情景

1 我们公司最近业务增长放缓，部门间协作效率低，比如研发部总抱怨市场部需求频繁变更，市场部又指责研发部交付延期。到底是谁的问题？绩效数据能帮我们诊断问题吗？

2 当然可以。绩效数据不仅能揭示组织中的隐性矛盾，还能准确定位出到底是谁在拖后腿。

3 但是不同部门的绩效考核指标差异很大，如果只看绩效结果是否达成，似乎并不合理，该怎么横向对比呢？

4 这需要"统一诊断维度"。比如，将绩效数据拆解为目标一致性（如项目计划完成率）、资源匹配度（如人均工作量是否超负荷）、流程效率（如需求变更次数）三个维度，实现跨部门横向对比。

5 我们曾用绩效数据调整过团队分工，但效果不持久，过几个月又回到原样，这种情况怎么解决？

6 组织问题需要动态诊断。绩效数据不能只看一次结果，而是要跟踪变化趋势。通过绩效数据定位问题后，还需配套"诊断 - 改进 - 复盘"的闭环机制，只有这样才能从根本上解决问题。

AI 提问框架

通用提问公式 = 组织背景描述 + 绩效数据现状 + 诊断目标定义

组织背景描述 →

明确组织的基本属性与当前战略方向，为 AI 提供分析坐标系。

提问要素
行业规模、行业类型：如员工人数为 500 人的制造业企业。
组织结构与业务流程：组织结构（如矩阵式、扁平化）、业务流程（如"研发 – 生产 – 销售链条"）。
近期战略重点：如三年内市场占有率提升 20%。

绩效数据现状 →

客观呈现绩效评估的现有数据维度与问题，明确 AI 需处理的数据边界。

提问要素
· 绩效考核结果：如考核周期（季度、年度）、指标类型（结果型、行为型）、数据分布（如 70% 员工集中在 B 级）。
· 异常点：如某部门连续两季度绩效达标率低于均值 15%。
· 数据局限：如未采集跨部门协作评分。

诊断目标定义 →

将组织需求转化为 AI 可执行的分析的结构化任务。

提问要素
· 诊断方向：如识别低效流程、优化人才配置。
· 输出要求：如按部门生成改进优先级清单、预测调整后的绩效影响。
· 决策支持：如提供 3 种干预方案并对比成本收益。

准备资料

要点	内容
绩效基础数据	历次考核结果、考核标准文档等。
组织关联信息	部门职责说明书、岗位胜任力模型、近一年组织架构调整记录等。
员工反馈数据	离职访谈记录、满意度调查结果等。
业务场景素材	当前战略目标、高频痛点等。
行业对标参考	竞品或行业平均绩效水平等。

实战案例

组织背景描述

我是一家医疗器械公司的 HRBP，公司规模 800 人，采用矩阵式管理模式，近期战略是"3 年内将定制化产品收入占比从 30% 提升至 50%"。当前研发部与销售部协作频繁，但项目交付周期比行业均值增长 25%。

绩效数据现状

1. 研发部 60% 员工绩效为 B 级（达标），但项目延期率达 40%。
2. 销售部 85% 员工绩效为 A/B 级，但客户反馈"技术方案讲解不清晰"的投诉量增长 30%。
3. 跨部门协作评分未纳入考核体系，数据缺失。

诊断目标定义

请你协助我

1. 分析研发部绩效与项目延期的相关性（如高绩效员工是否更可能参与延期项目）。
2. 诊断销售部绩效优势是否掩盖了技术沟通能力短板，并设计"技术型销售"能力模型。
3. 结合行业案例，推荐 3 种将跨部门协作纳入绩效考核的方案，并预估对交付周期的影响。

注意事项

要点	内容
数据校验	AI 生成的关联分析需与员工访谈、流程审计结果交叉验证。有可能 AI 认为流程烦琐导致延期，但实地调研发现需求变更频繁才是主因。
隐私保护	涉及员工个人绩效的数据须进行脱敏处理，避免泄露敏感信息。
动态调整	组织问题会随业务变化而变化，需定期迭代（如每季度结合新绩效数据重新分析）。
人性关怀	AI 的建议可能不符合组织文化惯性，需评估对员工士气的影响。若强制末位淘汰可能引发恐慌，需配套沟通机制。

7.8 用 AI 将绩效结果应用在业务改进中

问题情景

1 我们公司绩效评估后，业务部门总抱怨考核结果和实际工作脱节，比如销售部明明达标了，但客户流失率反而上升，这该怎么办？

2 这说明绩效结果没转化成业务改进的抓手。绩效管理的核心不是评分，而是通过数据找到业务短板。比如销售达标但客户流失，就可能暴露了服务流程或产品匹配度的问题。

3 但业务部门觉得绩效分析是人力资源部门的事，他们只关心结果，不参与改进，怎么推动协作？

4 需要建立绩效结果与业务改进的联动机制。比如将客户流失率、复购率等业务指标纳入绩效反馈环节，让团队看到数据背后的关联。

5 我们试过用绩效结果制定培训计划，但培训后效果不明显，感觉投入都打水漂了。

6 这是因为改进措施缺乏针对性。绩效数据要拆解到具体场景，比如分析低绩效员工的客户跟进记录，发现沟通技巧问题，再定向设计培训，而不是统一灌输课程。用数据驱动改进才能避免资源浪费。

AI 提问框架

通用提问公式 = 绩效背景定位 + 业务问题转化 + 改进需求拆解

绩效背景定位

具体描述绩效管理的背景，为 AI 提供分析边界。

提问要素

· **部门 / 岗位**：如研发部近 6 个月绩效。
· **考核指标**：如项目交付准时率、需求响应速度。
· **数据来源**：如从 OKR 系统导出数据、来自 360 度反馈法报告。

业务问题转化

将绩效结果映射到业务痛点，提炼可量化的矛盾点。（如将"人"的绩效与"事"的结果关联，定位改进方向）。

提问要素

· **数据异常**：如低绩效员工集中在新产品项目组。
· **目标偏差**：如虽然为销售冠军团队客户满意度却是倒数。
· **关联影响**：如技术部绩效虽然达标但跨部门协作评分低。

改进需求拆解

明确 AI 需输出的改进方案类型及落地要求，将需求转化为 AI 可执行的任务。

提问要素

· **分析维度**：如按岗位拆解低效环节、对比标杆团队流程。
· **资源限制**：如预算不超过 5 万元、需 3 个月内见效。
· **决策支持**：如提供 3 种优先级方案、预测风险与应对策略。

准备资料

要点	内容
绩效数据包	考核周期内所有员工评分、指标完成度、上级评语等。
业务关联数据	部门 KPI 达成率、项目复盘报告等。
流程文档	现有绩效反馈机制、改进措施的历史案例等。
资源清单	可用培训预算、跨部门协作对接人、技术工具权限等。

实战案例

绩效背景定位

我是某互联网公司的 HRBP，负责技术部 50 人团队（前端 20 人、后端 25 人、测试 5 人）。团队近半年的绩效评估结果显示：30% 员工因"需求响应慢"得分低于 70 分，但部门整体项目交付率达 92%。

业务问题转化

当前团队绩效结果存在如下矛盾

1. 个体与团队数据背离：低分员工集中在 A 产品线（响应速度评分 65 分，满分 100），但该产品线项目交付准时率却是全公司最高（98%）。

2. 考核主观性争议：上级评价中"协作态度"占比 30%，但无客观数据支撑。

3. 改进措施失效：曾安排低分员工参加"时间管理培训"，但后续考核仍无提升。

改进需求拆解

请你协助我

1. 拆解 A 产品线低分员工的工作日志，分析"响应慢"的具体场景（如需求确认环节耗时占比）。

2. 设计"响应效率"的量化指标（如从接到需求到首次反馈的平均时长），并对比标杆团队。

3. 输出 3 套系统性改进方案：短期（调整考核中"协作态度"的评估方式）、中期（优化需求流转流程）、长期（建立技术部与产品部的联动机制），需包含执行步骤与资源估算。

注意事项

要点	内容
数据穿透性	AI 分析需结合业务全链路数据（如"绩效结果 + 项目管理系统日志"）。
反推验证	AI 生成的改进方案需验证（如优化需求流转流程是否真能提升响应速度）。
人性适配	AI 可能忽略团队文化（如技术部抵触频繁会议），需补充员工访谈结果。
动态校准	每季度用新绩效数据迭代分析模型，避免策略滞后于业务变化。

7.9　用 AI 将绩效结果应用在调岗培训中

问题情景

1
我们公司每次绩效评估后，会根据绩效结果实施调岗或培训，但我发现效果不佳。常常出现优秀员工留不住、后进员工培训没效果的情况，怎么办？

2
要精准匹配绩效结果与岗位需求。比如，销售冠军也许适合转到管理岗发挥更大价值，但如果其缺乏团队管理能力，直接提拔反而可能造成员工和企业双输的局面。

3
确实如此！上次我们把一个技术骨干调去带项目，结果他技术荒废了，团队也没带好。如何避免这类问题发生呢？

4
需要将绩效结果转化为可操作的调岗依据。AI 能通过历史数据，分析高绩效员工的共性能力（如跨部门协作能力、决策速度），再对比目标岗位需求，生成适配度报告。

5
那培训资源浪费的问题 AI 也能解决吗？比如，给所有后进员工统一培训，但效果参差不齐，AI 能帮上忙吗？

6
对！AI 可以拆解绩效短板（如分析出某人连续季度目标未达成，是因为技能不足，还是因为动力缺失），并针对性设计培训路径（如技能不足者推荐"线上课程＋实操辅导"，动力缺失者设计阶梯式激励方案）。

AI 提问框架

通用提问公式 = 绩效结果分析 + 岗位需求匹配 + 培训方案生成

绩效结果分析

提取员工绩效数据中的关键维度（如目标达成率、能力评分、行为反馈），识别短板与潜力，为调岗和培训提供客观依据。

提问要素
- 时间范围：如最近两个考核周期。
- 评估维度：如销售业绩、团队协作、创新能力。
- 数据类型：如定量指标（如季度销售额）。

岗位需求匹配

将员工绩效结果与目标岗位的核心能力要求对比，计算适配度，量化调岗风险，优先推荐"潜力高、差距小"的岗位。

提问要素
- 目标岗位清单：如区域经理、产品专家。
- 能力模型：如区域经理需达到 70 分团队管理的评分、60 分战略思维的评分。
- 差距阈值：如能力差距超过 30% 需培训补足。

培训方案生成

根据绩效短板和岗位需求，设计个性化培训计划，将抽象需求转化为 AI 可执行方案，控制成本并追踪效果。

提问要素
- 培训形式：如线上课程、导师带教、项目实操。
- 资源预算：如单人次培训成本不超过 5000 元。
- 效果预估：如培训后 3 个月内能力提升 20%。

准备资料

要点	内容
绩效数据	员工历史考核结果等。
岗位能力模型	各岗位核心能力要求及评分标准等。
培训资源库	现有课程、导师名单、预算限额等。
员工发展意愿	通过调研获取的调岗或培训偏好等。
业务目标	未来 6~12 个月的关键战略方向等。

实战案例

绩效结果分析

我公司近期完成年度绩效评估，10% 的员工连续两季度排名为末位的 10%（目标达成率低于 60%），主要短板为跨部门沟通和数据分析能力低。同时，5% 的员工连续两季度排名前 5%（目标达成率超 120%），潜在转岗需求集中于项目管理岗和产品运营岗。

岗位需求匹配

目标岗位需求如下

1. 项目管理岗：需跨部门协调（至少 70 分）、风险预判（至少 65 分）。
2. 产品运营岗：需数据分析（至少 80 分）、用户洞察（至少 75 分）。

当前存在如下挑战

1. 高绩效员工转岗后适应期长达 6 个月，影响业务连续性。
2. 低绩效员工培训后能力提升不足 10%，资源浪费严重。

培训方案生成

请你协助我分析近一年的绩效数据和相关资料

1. 为低绩效员工生成跨部门沟通能力和数据分析能力的专项强化培训计划，要求包含课程名称、时长、预算（单人次 ≤ 3000 元）。
2. 为高绩效员工设计转岗适配方案，优先推荐"潜力高、差距小"的岗位，并给出 3 个月过渡期任务清单。
3. 预估培训与转岗后的绩效提升幅度（如数据分析培训后，目标达成率提升 15%）。

注意事项

要点	内容
数据动态更新	绩效结果需与最新评估同步，避免使用过时数据导致方案错配。
人工复核机制	AI 生成的调岗建议需由部门经理确认，确保符合团队实际需求。
员工沟通策略	培训计划需与员工职业发展目标结合，避免强制执行引发抵触。
效果追踪周期	设定 3~6 个月追踪期，若效果未达预期，需重新分析原因（如是否因外部市场变化导致岗位需求调整）。